한 권으로 끝내는
서울 재개발
투자지도

한 권으로 끝내는

서울 재개발 투자지도

이은홍 · 김인만 지음

원앤원북스

부동산 투자의 꽃,
재개발과 재건축

부동산 일을 한 지 20년이 넘은 지금 부동산 특히 아파트 투자의 꽃이 무엇이냐고 물어본다면 재건축과 재개발사업이라고 말하고 싶다. 특히 서울과 같이 아파트를 지을 땅이 부족한 지역의 경우 도심의 낙후된 주택을 철거하고 새 아파트를 짓는 재건축·재개발 정비사업은 '서울의 새 아파트 오아시스'라고 해도 부족함이 없다.

2021년 4월 보궐선거에서 당선된 오세훈 시장이 민간 정비사업 규제를 완화해주겠다고 하면서 관심이 더 높아지고 있다. 하지만 일반 아파트 투자와 달리 재건축·재개발 정비사업은 「도시 및 주거 환경정비법」에 따른 법 관련 규제들이 많고 개정 날짜에 따라 적용되는 기준이 달라지는 경우도 많아서, 현장 부동산중개사들도 어려워하는 분야다. 정비사업 관련 책을 여러 권 읽어봤지만 내용이 너무 빈약하거나 복잡하고, 여러 재개발 구역에 대한 살아 있는 정보에 대한 갈증을 속 시원하게 해결해줄 수 있는 제대로 재개발 책을 찾지 못했다.

강남과 같은 기반시설이 양호한 곳의 노후화된 주택을 정비하는 재건축사업은 인프라가 잘 갖춰진 강남4구에 집중되다 보니 자산가들 아닌 일반인들은 쉽게 접근하기가 어렵다. 반면 기반시설이 열악한 비강남지역의 노후 주거단지를 정비하는 재개발사업은 재건축보다 상대적으로 규제가 덜하기도 하고 가격이나 지역 선택의 폭이 넓어서 보다 많은 사람이 합리적인 투자 선택을 할 수 있는 장점이 있다.

그래서 어렵지 않게 일반 독자들이 읽어도 쉽고 재미있게 이해할 수 있으면서 재개발 관련 지식과 절차뿐만 아니라 재개발 구역 현장의 살아 있는 생생한 정보까지 제대로 전달해줄 수 있는 재개발 책을 쓰기로 마음먹었다. 일반 부동산 투자 책과 달리 법 관련 내용이 많아 수시로 변경되기도 했고, 각 재개발 구역의 진행상황 역시 시시각각 달라지다 보니 집필하는 데 생각보다 더 오랜 시간이 걸렸다. 고생했지만 결국 이렇게 독자의 손에서 빛을 보게 되었다.

참고로 『한 권으로 끝내는 서울 재개발 투자지도』에서 언급한 정비사업의 추진일정이나 진행 단계, 현장상황 등의 정보는 2021년

4월 기준으로 시시각각 변화하는 부동산시장 흐름을 최대한 반영하고자 노력했다.

『한 권으로 끝내는 서울 재개발 투자지도』가 세상에 나올 수 있는 기회를 주시고 기다려주신 원앤원북스 박종명 대표님과 최윤정, 김효주 팀장님, 책의 시작부터 끝까지 고생해주신 김인만 대표님과 정명선 님께 감사의 마음을 전하고 싶다.

항상 기도해주시는 부모님과 장인어른 장모님, 변함없이 항상 옆을 지켜주는 사랑하는 부인, 눈에 넣어도 아프지 않는 세 아들 현수, 건수, 진수께 존경과 감사를 드리며 하나님 아버지께 이 영광을 올려드립니다.

대표 저자 이은홍

2장 재개발사업 절차 들여다보기

4장 눈여겨봐야 할 서울 알짜 재개발

재개발은 대표적인 투자형 부동산으로 서울 강남에 집중된 재건축과 달리 서울 대부분 지역에 고르게 분포하고 있다. 오래된 주택을 허물고 새 아파트로 건축하는 것은 재건축과 같지만 재개발은 주택 주변의 기반시설도 같이 개선하는 사업이다.

재개발은 주로 단독주택이나 다세대주택 등 노후화된 주택을 대상으로 한다. 오래된 아파트에서 새 아파트로 개발하는 재건축보다 조합원들의 이해관계가 더 복잡하기 때문에 보다 세밀화된 분석과 전략이 필요하다. 재개발사업의 개념과 절차, 분양 자격, 투자 전략, 수익성 분석까지 재개발 투자 성공의 길로 들어가보도록 하자.

1부

한 권으로 끝내는 재개발 투자

1장

재개발 투자 전
이것만은 알아두자

혼돈의 부동산시장,
아직도 재개발 기회는 있다

2015년 이후 2021년까지 7년 연속으로 상승한 서울 집값과 2017년
이후 계속 누적된 부동산 규제, 코로나19 이후 우리나라뿐만 아니
라 미국, 유럽, 중국 등 글로벌 경제의 침체로 경제 불확실성이 그
어느 때보다 커진 지금 부동산시장은 혼돈 그 자체다. 매매 거래량
은 줄어들었지만 매수자들이 원하는 급매물은 나오지 않고 있고,
오히려 서울 아파트시장은 여전히 꺾이지 않고 일부 단지는 여전
히 최고가 행진을 이어가고 있으며 지방 광역시를 넘어 지방 중소
도시로 매매가 상승이 확산되었다.

계약갱신청구권 등 임대차3법 영향으로 전세 문제까지 더해지

면서 부동산 문제는 더 꼬였다. 무엇보다 계속 오르는 서울 집값을 잡기 위해 매우 무거운 수요억제 규제들이 쏟아져 나왔다. 조정대상지역, 투기과열지구 등 서울은 전 지역이 모두 규제지역으로 지정되어 실수요자가 아니면 대출은 거의 원천봉쇄 수준으로 막혔고, 2주택 이상은 양도소득세뿐만 아니라 취득세와 종합부동산세까지도 중과세율이 적용되고 있다.

특히 서울에서 유일한 새 아파트 공급책인 정비사업에 대한 규제도 강화되었다. 조정대상지역의 경우 재건축 조합원 주택공급이 1주택으로 제한되고 조합원 지위양도가 제한되며 재당첨 제한과 초과이익환수 등의 불이익을 받게 된다.

저금리와 과잉 유동성, 규제정책의 왜곡, 여전히 살아 있는 투자심리의 영향으로 투자를 하기는 부담스럽고 하지 않기에는 불안한 요즘이다. 이런 상황에서 그래도 투자를 한다면 재개발이라고 하는데 많은 규제가 누적된 지금, 재개발 투자가 과연 답이 될 수 있을까?

그럼에도 재개발에 주목해야 하는 이유

「도시 및 주거환경정비법」에 따른 정비사업은 주거환경정비사업과 재개발사업, 재건축사업이 있다.

이 중 일반적인 재개발과 재건축 사업이 대표적인 정비사업인데 초과이익환수 규제는 재건축사업에만 적용된다. 재개발사업은 초과이익환수 걱정을 하지 않아도 된다는 의미다. 또 재건축사업의 경우에는 조합원의 지위양도가 제한되는 반면, 재개발사업은 입주권 거래만 제한된다. 투기과열지구의 경우 재건축사업은 조합설립인가부터 공사가 완료되어 소유권이전등기를 할 때까지 거래가 제한되는 반면, 재개발사업은 관리처분계획인가부터 소유권이전등기 시까지 거래가 제한된다.

물론 재건축사업은 조합설립 후 2년 이내 사업시행계획인가 신청이 없고 2년 이상 소유한 경우 또는 사업시행계획인가 후 2년 이내 착공하지 못하고 2년 이상 소유한 경우에 한해 예외적으로 조합원의 지위양도(거래)를 허용해주지만, 이 역시도 3년으로 강화되었다.

"입주권은 뭐고 조합설립인가와 관리처분계획인가는 뭐야 모르겠어, 어려워." 이런 생각을 했다면 걱정하지 말자. 1부에서 재개발사업의 절차와 내용을 상세하게 설명해줄 것이다.

이렇듯 재개발사업의 규제가 재건축사업에 비해 상대적으로 약간 느슨함을 알 수 있다. 같은 정비사업인데 왜 이렇게 차이가 날까? 재건축사업은 주거환경이 양호하나 주택(아파트)의 노후화를 개량하는 사업으로 1970년대 개발된 강남권에 집중되어 있는 반면, 재개발사업은 주거환경이 열악한 지역의 도시환경을 개선하는 사업으로 주로 비강남권에 위치해 있다. 투기수요를 억제해야 하고 무엇보다 고가 아파트를 타깃으로 잡은 정부 입장에서는 당연히 강남권 재건축사업 규제를 더 무겁게 할 수밖에 없다.

더군다나 서울과 같이 아파트를 지을 땅이 절대적으로 부족한 지역에서는 재건축·재개발 정비사업을 통하지 않고서는 새 아파트를 공급할 수 없다. 사업성이 뒷받침되는 정비사업 구역도 무한정 나오지 않는지라 서울의 남은 재개발사업 구역들의 희소성은 시간이 지날수록 점점 더 커질 것이다. 또 2021년 4월 보궐선거에서 당선된 오세훈 서울시장이 재개발 등 민간 정비사업 규제를 풀어주겠다는 의지를 보이고 있는 만큼 재개발 투자에 대한 관심이 어느 때보다 높아지고 있다.

서울 새 아파트 공급을 위한 정비사업

이런 서울의 희소성과 새 아파트 공급의 한계를 깨달은 정부는 공공재개발과 도심공공주택복합사업이라는 카드를 꺼내 들었다. 결국 서울은 재개발·재건축 정비사업을 통해 새 아파트의 답을 찾아야 한다. 2000년대 이명박 전 대통령이 서울시장 시절 서울 전 지역의 균형발전을 위해 추진한 도시개발사업인 서울 뉴타운사업은 재개발을 체계적으로 확대 적용한 것이라고 이해하면 되겠다.

2002년 1차 뉴타운으로 지정된 길음, 은평, 왕십리 뉴타운은 그 지역의 대표 주거지로 자리를 잡았고, 2차 뉴타운인 교남은 경희궁자이로 우뚝 섰다. 한남, 아현, 노량진 뉴타운과 3차 뉴타운인 이문·휘경, 장위, 수색·증산, 북아현, 신길, 흑석, 거여·마천 뉴타운 등은 모두 강남 부럽지 않은 신흥 부촌의 리더가 되었다. 당시 무모하다 싶을 정도로 급하게 추진했던 뉴타운사업에 대한 비판이 많았지만, 지금 돌이켜보면 '그때 그렇게 추진하지 않았다면 서울의 주택 문제는 더 심각하지 않았을까?' 하는 생각이 든다.

현재 결과만 보면 '옛날에 하나 사둘걸.' 후회할 수도 있지만 재개발사업은 여러 단계를 거쳐야 하고 갈등과 분쟁으로 인해 많은 시간이 필요하다. 이러한 불확실성 때문에 막상 투자하려고 하면 망설여지는 것도 사실이다.

2002년부터 뉴타운사업이 추진되면서 서울 강북 부동산시장에는 투기 열풍이 불었지만, 2010~2012년 침체와 함께 부동산 가격이 큰 폭으로 하락하면서 엄청난 마음고생과 함께 상황을 견디지 못하고 팔고 나가버린 조합원도 많다. 결국 재개발사업은 시간과의 싸움을 견딜 마음의 준비를 하고 들어와야 한다. 그 기다림 끝에 달콤한 열매가 있다.

물론 내가 키울 나무가 열매가 열릴 수 있는 나무인지 철저하게 분석하고 검증하는 것은 필수다. 금방 끝날 것이라는 사탕발림에 속아 고생만 하다가 결국 사업이 무산되거나 아직도 끝없는 기다림이 이어지는 구역도 많기 때문이다. 이제부터 정비사업에 대한 이해와 절차, 재개발 투자의 주의점과 수익성 계산, 각종 규제들, 대표적인 재개발 구역들에 대한 상세한 설명까지 이 책과 함께 재개발 투자의 첫걸음을 떼보자.

「도시 및 주거환경정비법」
기본 개념 잡기

'재건축과 재개발 사업의 차이는 뭐지?' 도대체 구분이 안 된다. 재개발사업을 제대로 이해하려면 근거가 되는 법률인 「도시 및 주거환경정비법」을 알아야 한다.

「도시 및 주거환경정비법」(이하 「도정법」)은 도시 기능의 회복이 필요하거나 주거환경이 불량한 지역을 계획적으로 정비하고, 노후·불량 건축물을 효율적으로 개발하기 위해 필요한 사항을 규정한 법이다. 「도정법」에서 정한 절차에 따라 정비구역에서 정비기반시설을 정비하거나 주택 등 건축물을 개량 또는 건설하는 주거환경개선사업, 재개발사업, 재건축사업을 정비사업이라 한다.

| 「도정법」상 정비사업의 구분 |

구분	내용
주거환경 개선사업	도시 저소득 주민이 집단 거주하는 지역으로서 정비기반시설이 극히 열악하고 노후·불량 건축물이 과도하게 밀집한 지역의 주거환경을 개선하거나 단독주택 및 다세대주택이 밀집한 지역에서 정비기반시설과 공동이용시설 확충을 통하여 주거환경을 보전·정비·개량하기 위한 사업
재개발사업	정비기반시설이 열악하고 노후·불량 건축물이 밀집한 지역에서 주거환경을 개선하거나 상업지역·공업지역 등에서 도시 기능의 회복 및 상권 활성화 등을 위하여 도시환경을 개선하기 위한 사업
재건축사업	정비기반시설은 양호하나 노후·불량 건축물에 해당하는 공동주택이 밀집한 지역에서 주거환경을 개선하기 위한 사업

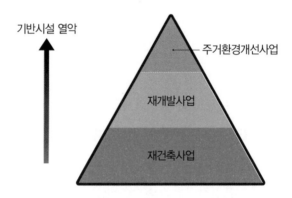

기반시설 열악

주거환경개선사업

재개발사업

재건축사업

  도로와 주변환경 등 기반시설이 많이 열악한 곳은 주거환경개선사업, 보통 수준으로 열악한 곳은 재개발사업, 기반시설은 괜찮지만 주택이 많이 노후화된 곳은 재건축사업, 이렇게 이해하면 편할 것 같다. 특히 재개발사업은 노후화된 단독주택, 다세대주택을 철거해 새 아파트 단지를 건축한다는 점에서 재건축과 비슷하지만 단순하게 아파트만 짓는 것이 아니라 도로, 공원, 학교 등 기반시설도 같이 정비해서 주거환경을 개선하는 사업이다. 노후화된 아파트 단지를 새 아파트 단지로 개발해 구조적인 안정성 확보 및 토지 이용 효율성 향상이 목적인 재건축사업은 강남 지역에 집중되어 있는 반면, 노후화된 주택과 그 주거환경까지 개선하는 공공의 성격도 가지는 재개발사업은 강남 외 지역에 많이 분포되어 있다.

사례를 보자. 래미안대치팰리스(청실아파트), 래미안퍼스티지(반포주공2단지), 잠실엘스(잠실주공1단지), 헬리오시티(가락시영) 등 이름만 들어도 유명한 강남의 새 아파트 대부분은 재건축 아파트다. 개포주공1단지, 둔촌주공아파트는 관리처분계획인가가 나서 공사 중이며 반포주공1단지, 은마아파트 등은 재건축사업을 추진 중이다. 강남은 1970년대 영동 대개발 사업을 통해 조성된 원조 서울 신도시로 기반시설은 양호하지만 개발된 지 40년이 지나면서 아파트가 낡자 재건축사업을 통해 새 아파트로 변신하고 있는 것이다.

이에 반해 경희궁자이(돈의문뉴타운), 마포래미안푸르지오(아현3구역), 아크로리버하임(흑석7구역), e편한세상 금호파크힐스(금호15구역) 등 마포, 금호·옥수, 흑석뉴타운 등 강남 외 서울의 대부분은 재개발사업을 통해 공급된 아파트들이다. 특히 한남뉴타운 등은 서울 최고의 아파트를 꿈꾸며 재개발사업을 추진하고 있다. 일반적으로 비강남권은 민간을 통해 우후죽순 주택과 시장 등이 형성되면서 도로와 주차장이 좁고 거주환경이 열악하기 때문에 재개발사업을 통해 체계적인 정비를 하는 중이다.

투자수익

재건축은 철거가 되면 전세보증금만 받고 이사를 가야 하지만 재개발은 세입자가 기준자격을 갖췄다면 임대주택을 받거나 주거대책비를 받을 수 있다. 재건축·재개발 정비사업 조합원은 청약통장 없이 입지가 좋은 새집을 마련할 수 있고, 좋은 면적·동·층을 미리 배정받을 수 있으며, 사업 진행 단계별로 시세가 상승하면서 투자수익을 얻을 수도 있다.

반면 투자수익이 높은 만큼 위험도 커진다. 부동산시장 분위기뿐만 아니라 정부와 서울시 등 지방자치단체의 정책, 조합 내부의 문제 등 변수가 많아서 사업 기간이 당초 예상보다 지연되거나 추가분담금이 늘어날 수도 있다. 또 재개발사업이 과열되면 투기수요가 유입되어 과도한 지분 쪼개기가 성행하면서 사업성이 나빠지고 심한 곳은 무산되는 사업도 있어서, 장기적인 투자전략과 자금계획을 가지고 접근하는 것이 좋다.

참고로 지분 쪼개기는 1인 소유였던 단독주택이나 다가구주택 건물을 용도 변경해 다수의 소유자로 만들어 조합원 지분을 늘리는 편법으로, 조합원의 분양가 상승, 건설회사의 마진 축소, 조합원에게 작은 평수가 배정되는 문제 등이 생긴다. 이로 인해 사업성 악화와 사업 기간 지연이 심해져 사업이 무산되는 경우도 발생하면서 서울시는 2003년 12월 30일 이후 구분이 된 물건은 합산해서 하나의 분양자격만 주고 있다.

2003년 12월 30일 이전에 단독주택 또는 다가구주택을 다세대주택으로 전환해 구분등기를 완료한 주택에 대해서는 전용면적 60m² 이하 주택을 공급할 수 있다. 또한 해당 구역이 2010년 7월 16일을 기준으로 이후 정비기본계획에 포함된 경우에는 따로 시장이 지정한 날(기본계획수립 후 정비구역 지정 고시 전)이 권리산정기준일이 된다.

계약 전 재개발 입주권
분양자격을 확인하라

재개발 투자 시 조합원이 보유한 물건이 조합원 분양자격이 되는지 확인하는 것은 매우 중요하다. 재개발 조합원이 보유한 건물과 토지에 따라 분양자격이 있을 수도 있고 없을 수도 있다. 만약 분양자격이 없으면 현금청산이 되면서 투자는 완전 '꽝' 되는 것이기에 분양자격은 매우 중요한 투자 포인트다.

매입하고 나서 알아보니 재개발 분양자격이 없는 물건이어서 현금청산이 되는 경우가 발생해 분쟁이 생기기도 한다. 계약체결 당시 분양자격 문제를 알게 된다면 계약을 무효로 하면 되지만 계약완료 후 시간이 지나 사업계획승인이 난 후 조합원 자격이 안 된다고 하면 그 피해는 고스란히 승계 조합원의 몫이기에 계약 전 사려는 물건이 분양자격이 있는지 충분히 검토하도록 하자.

　새 아파트의 지위를 얻는 입주권을 받기 위해 재개발 투자를 한다는 것을 명심하고 「도정법」과 지자체 조례에서 규정하고 있는 서울시 재개발 분양자격에 대해 알아보자. 가장 먼저 내가 투자하고자 하는 구역의 최초 정비기본계획이 언제 수립되었는지, 지구단위계획 결정 고시가 되었는지를 확인해야 한다. 종전 조례와 개정된 조례(2010년 7월 15일 개정)는 분양대상자를 정하는 기준이 다르기 때문이다. 서울시의 경우 2010년 7월 16일 이후 최초로 정비기본계획(정비예정구역으로 신규 편입된 지역 포함)을 수립한 지역부터 새롭게 변경된 분양대상자 기준이 적용되고 있다.

종전 조례가 적용된 구역

2003년 12월 30일부터 시행된 종전 조례가 적용된 구역에서의 기준을 먼저 살펴보자. 2010년 7월 16일 이전에 정비기본계획이 수립된 구역이다.

1 | 건물(주택)만 소유한 경우
종전의 건축물 중 주택을 소유하고 있다면 분양자격이 주어진다. 타인의 대지나 국공유지에 주택만 소유한 경우에도 분양자격이 나온다. 다만 토지와 건축물이 최초 준공 시에는 동일인의 소유였다가 2003년 12월 30일 이후 분리되어 타인의 명의로 각각 소유하게 된 경우에는 두 물건이 합산되어 하나의 아파트만 받을 수 있으니 주의가 필요하다.

또한 조합원의 수가 건립세대의 수보다 많아 조합원에게 배정할 수 있는 아파트가 부족한 경우에는 감정평가액이 너무 적은 건물만으로는 순위에서 밀려 원하지 않는 면적을 배정받거나 아예 주택 배정에서 밀려 현금청산이 될 수도 있다.

다만 모든 주택에 항상 분양자격이 나오는 것은 아니니 잘 알아봐야 한다. 단독주택, 다가구주택, 다세대주택, 협동주택, 무허가주택 등 다양한 주택들에 대해서는 추후 설명하도록 하겠다.

2 | 건물과 토지를 모두 소유한 경우

주택(주거용으로 사용되는 무허가 주택이나 주거용 오피스텔도 포함)과 토지를 소유했을 때는 면적에 상관없이 아파트 입주권 배정이 가능하다. 하지만 창고 등 주거용이 아닌 건물과 토지를 소유하고 있을 경우에는 토지만 소유한 경우에 해당되는 규칙에 따라 분양자격이 결정된다.

3 | 토지만 소유한 경우

2003년 12월 30일 이전에 분할된 종전 토지의 총면적이 90m² 이상의 토지(지목 상관없음)는 항상 분양자격이 주어지지만 30m² 이하 토지는 분양자격이 주어지지 않고 현금청산 대상이다. 30~90m² 미만의 토지는 공유지분이 아닌 단일필지이고 사업시행인가 고시일 이후부터 공사완료 고시일까지 세대 전원(배우자 포함)이 무주택자면 분양자격이 있다. 예를 들어 구역 내 단일필지 29m²를 소유한 A와 90m²를 소유한 B가 있는 경우, A는 30m² 미만으로 분양자격이 없는 반면, B는 90m² 이상으로 분양자격이 주어진다.

만약 30m² 미만의 토지를 가진 A가 분양자격을 얻고 싶다면 60m² 이상의 토지를 구입해서 90m² 이상 요건을 충족하거나 추가로 약간의 토지를 구입해서 30m² 이상 요건과 무주택 요건을 갖추면 분양대상자가 될 수 있다. 단, 지목이 도로이고 도로로 사용하는 경우에는 분양자격이 제한된다. 무주택 유지 기간이 정해져 있기 때문에 현재 혹여 주택이 있더라도 그 구역이 사업시행인가 전이라면 사업시행인가 고시 전에 무주택 요건을 갖추어야 한다.

예를 들어 지목이 도로이고 현황이 대지인 토지 32m²를 가진 C와 지목과 현황이 도로인 토지 91m²를 소유한 D의 경우를 보자. C의 토지는 90m² 미만이나 30m²가 넘고 지목은 도로이나 현황이 대지이기 때문에 분양자격은 주어진다. 단, 세대원 전원이 사업시행인가 고시일부터 공사완료 고시일까지 무주택이어야 한다.

D의 토지는 지목과 현황이 도로이지만 면적이 90m² 이상이므로 분양자격이 있다. 그리고 최종 소유자가 무주택이어도 소유자

가 여러 번 변경된 경우에는 그동안의 소유자 중에 한 번이라도 주택을 소유한 분이 있다면 분양자격이 제한된다. 즉 무주택 요건은 계속 유지되어야 한다. 단, 여기서 말한 90m² 토지의 기준은 서울시 건축조례 제29조 제1호 주거지역의 건축물이 있는 대지의 분할제한 최소 한도 규모다(30~90m² 미만). 이런 재개발 토지의 매매계약 시에는 세대원(배우자 및 20세 미만 자녀) 전원이 무주택임을 확인할 수 있는 서류를 첨부하거나 문제 발생 시 손해배상 책임 등을 명시하는 것이 좋다.

4 | 권리가액이 공동주택 최소 분양금액 이상인 경우

30m² 미만의 토지를 소유한 자는 분양자격이 없지만 권리가액이 최소 분양금액 이상이면 분양대상자가 될 수 있다. 예를 들어 상업지역 29m² 토지를 가진 E의 권리가액이 5억 원이고 전용 59m²(최소 분양) 조합원분양가격이 4억 5천만 원이라면 E는 30m² 이하임에도 분양자격이 주어진다. 단, 2003년 12월 30일 이후 분할된 종전자산은 권리가액에 포함되지 않으니 주의가 필요하다.

5 | 전환다세대인 경우

다세대주택은 일반다세대와 전환다세대(구분다세대)로 나눠진다. 일반다세대는 건축허가 최초일로부터 공동주택으로 건립된 건축물로 허가된 개수만큼 분양자격이 주어진다. 반면 구분다세대는 최초에는 단독주택 또는 다가구주택으로 건축했지만 준공 이후 집

```
                등기사항전부증명서( 말소사항 포함)
                        - 집합건물 -
                                              고유번호 1147-2003-007086
```

[집합건물] 서울특별시 은평구 대조동

【 표 제 부 】 (1동의 건물의 표시)				
표시번호	접 수	소재지번,건물명칭 및 번호	건 물 내 역	등기원인 및 기타사항
1	2003년7월7일	서울특별시 은평구 대조동	연와조 평스라브지붕 2층 다세대주택 1층 63.43㎡ 2층 61.81㎡ 지층 68.11㎡	구분으로 인하여 서울특별시 은평구 대조동 에서 이기 도면편철장 제11책 제28장
2		서울특별시 은평구 대조동 [도로명주소] 서울특별시 은평구	벽돌조 평스라브지붕 2층 다세대주택 1층 63.43㎡ 2층 61.81㎡ 지층 68.11㎡	도로명주소 2017년6월28일 등기

(대지권의 목적인 토지의 표시)				
표시번호	소 재 지 번	지 목	면 적	등기원인 및 기타사항
1	1. 서울특별시 은평구 대조동	대	136㎡	2003년7월7일

【 표 제 부 】 (전유부분의 건물의 표시)				
표시번호	접 수	건 물 번 호	건 물 내 역	등기원인 및 기타사항
1	2003년7월7일	제1층 제101호	연와조 54.5㎡	구분으로 인하여 서울특별시 은평구 대조동 에서 이기 도면편철장 제11책 제28장

합건물로 전환(현장에서는 구분 또는 분리라고도 함) 등기를 한 것으로 소위 '지분 쪼개기'라고 한다.

서울시 「도정법」 조례시행일인 2003년 12월 30일 이후에 전환되었다면 합산해서 하나의 분양자격만 주어진다. 또한 2003년 12월 30일 이전 전환다세대 소유자는 전용면적 60m² 이하의 주택을 공급받거나 정비구역 내 임대주택을 공급받을 수 있다.

다만 전환된 다세대주택의 전용면적이 60m²를 초과할 경우에

| 집합건축물대장 |

■ 건축물대장의 기재 및 관리 등에 관한 규칙 [별지 제5호서식] <개정 2017.1.20>

집합건축물대장(전유부, 갑)

(2쪽 중 제1쪽)

고유번호	1138010600-3-00740059			명칭		호명칭	101호
대지위치	서울특별시 은평구 대조동		지번		도로명주소	서울특별시 은평구	

전유부분				소유자현황			
구분	층별	※구조	용도	면적(㎡)	성명(명칭) 주민(법인)등록번호 (부동산등기용등록번호)	주소	소유권 지분	변동일자 변동원인
주	1층	조적조	다세대주택	54.5		서울특별시 은평구 갈현로	1/1	2020.11.02
		- 이하여백 -			680105-2******	- 이하여백 -		소유권이전

공용부분				※ 이 건축물대장은 현소유자만 표시한 것입니다.			
구분	층별	구조	용도	면적(㎡)			
주	각층	조적조	계단실	9.06			
		- 이하여백 -					

이 등(초)본은 건축물대장의 원본내용과 틀림없음을 증명합니다.

발급일자 : 2021년 04월 12일

담 당 자 :

전 화 :

안산시 상록구청장 직인

0072 안산시 500원 2021.4.12 5B0102

※ 경계벽이 없는 구분점포의 경우에는 전유부분 구조란에 경계벽이 없음을 기재합니다.

297㎜×210㎜[백상지 (80/㎡)]

(2쪽 중 제2쪽)

고유번호	1138010600-3- 00740059			명칭		호명칭	101호
대지위치	서울특별시 은평구 대조동		지번		도로명주소	서울특별시 은평구	

공용부분				공동주택(아파트) 가격 (단위 : 원)		
구분	층별	구조	용도	면적(㎡)	기 준 일	공동주택(아파트)가격
		- 이하여백 -				

※ 「부동산 가격공시 및 감정평가에 관한 법률」 제17조에 따른 공동주택가격만 표시합니다.

변동사항				그 밖의 기재사항
변동일	변동내용 및 원인	변동일	변동내용 및 원인	
2003.05.30	2003.5.24 일반에서집합으로전환되어신규작성			2005년도 건축물대장 정비사업에 의거 소유자 현황 정비 - 이하여백 -

297㎜×210㎜[백상지 (80/㎡)]

는 평형 배정 제한을 두지 않아 전용면적 60m² 초과 중대형 아파트도 배정받을 수 있다. 그래서 2003년 12월 30일 이전에 전환이 되었는지 유무를 건축물대장 및 등기사항전부증명서를 통해 반드시 확인해야 한다. 건축물대장의 전환과 구분등기의 완료가 함께 이루어져야 함을 확인하자.

5 | 다가구주택인 경우

단독주택으로 구분이 되는 다가구주택은 전 세대를 통틀어 하나의 분양자격만 주어진다. 다가구주택의 경우 등기가 되는 주인이 1명이기에 당연한 말이다. 그러나 1997년 1월 15일 이전에 가구별로 지분등기 또는 구분등기가 되어 있었다면 이를 한 가구 수에 한해 가구별로 각각 분양대상자로 인정해준다.

또한 1990년 4월 21일 다가구주택 제도 도입 이전에 단독주택으로 건축허가를 받아 구분등기가 되어 있다면 이 또한 가구별로 각각 1인을 분양대상자로 보고 있다.

6 | 하나의 주택 또는 한 필지의 토지를 여러 명이 소유한 경우

하나의 주택이나 토지를 여러 명이 소유한 경우에는 각각이 아닌 1인만 분양대상자가 된다. 단, 2003년 12월 30일 이전부터 주거지역 90m² 이상의 토지지분을 소유한 경우에 한해 분양자격이 주어진다(소유권 취득일은 부동산등기부상 접수일자가 기준이어서 2003년 12월 30일 이전에 등기 접수가 된 토지여야 한다).

7 | 토지를 분할한 경우

하나의 토지를 분할해 여러 명이 소유한 공유의 경우에는, 조례시행일(2003년 12월 30일) 이전에 분할된 것은 인정해주지만 조례시행일 이후 분할한 것은 인정해주지 않는다. 즉 2003년 12월 30일 이후에 1필지의 토지를 여러 개로 분할한 경우에는 90m² 이상 토지를 보유한 경우에도 각각을 분양대상자로 보지 않고 하나의 분양자격만 주어진다. 예를 들어 500m² 1필지를 5명(100m²씩)이 공유해서 2003년 1월 1일부터 소유하고 있다면 5명 모두에게 분양자격이 있지만 2004년 1월 1일부터 공유로 소유를 했다면 분양자격은 하나만 주어진다.

상속도 동일한 기준이 적용된다. 300m² 1필지를 2003년 1월에 두 형제가 상속을 받아 각각 150m²를 보유하고 있으면 형제 모두 분양자격이 주어지지만, 2004년 1월에 상속을 받았다면 하나의 분양자격만 주어진다. 그래서 재개발 구역 내 토지를 매매 계약할 때는 2003년 12월 30일 이후에 분할되거나 공유된 토지지분인지 꼼꼼하게 확인해야 한다.

8 | 건축물 준공 이후 토지와 주택을 각각 분리해 소유한 경우

대지를 보유한 F가 주택(건축물)을 준공한 후 토지와 주택의 소유권을 각각 분리해 토지는 F, 건물은 G의 소유가 된 경우 각각 분양대상자가 되지 않고 하나의 분양자격만 주어진다.

하지만 2003년 12월 30일 이전에 토지(90m² 이상일 때만)와 주택으로 각각 분리가 된 경우에는 F, G 모두에게 분양자격이 주어진다.

9 | 공동주택으로 신축한 경우

서울시에서는 2008년 7월 30일 이후부터 허가를 받아 신축한 물건은 모든 세대를 합산해 아파트를 하나만 배정한다.

서울시 「도정법」 조례 시행일인 2003년 12월 30일 이후 전환다세대(구분다세대) 등 지분 쪼개기가 금지되자, 개발업자들은 전환다세대가 아닌 단독주택이나 다가구주택을 매입해서 다세대주택으로 신축하는 일명 신축 쪼개기 바람을 불러일으켰다. 이로 인해 투기수요가 유입되고 조합원 수가 늘어나게 되면서 정비사업 진행에 문제가 생기자, 서울시는 2008년 7월 30일에 신축 쪼개기를 금지하는 조례를 개정해 시행했다. 하지만 2008년 7월 30일 이후 신축한 공동주택이라도 해당 구역의 분양용 공동주택의 최소 주거전용면적(전용면적 60m²) 이상인 경우에는 각각 분양자격이 주어진다.

재개발 구역 내 노후 주택 중 건물이 무척 깔끔하거나 건물 외벽의 자재가 대리석으로 지어진 건물이 보이면 신축 쪼개기 물건일 가능성이 높다. 이런 물건을 매입할 경우에는 등기사항증명서를 발급받아 건물 보존등기 시점이 2008년 7월 30일 이전인지 확인하는 것이 좋다. 만약 2008년 7월 30일 이후라면 건축물대장 표제부까지 발급받아 건축허가 시점까지 확인해야 한다.

10 | 가족이 한 구역에 여러 물건을 매입한 경우

투자가치가 높다고 하니 욕심이 나 온 가족이 동일 구역의 물건을 다 구입했다면 어떻게 될까? 분양대상은 부부, 세대 합산 1주택이 원칙이어서 부부가 세대 분리되어 있다고 하더라도 하나의 분양자격만 주어진다. 예를 들어 세대 분리된 부부가 같은 구역에 각각 재개발 물건을 보유하고 있는 경우 부부세대 합산 기준에 따라 하나의 분양자격만 주어지며, 권리가액도 합산해 산정한다. 20세 이상 자녀의 경우 관리처분계획기준일 이전에 세대 분리된 자녀라면 별도의 분양자격이 주어진다.

11 | 협동주택인 경우

협동주택이란 서울시 주택개량 재개발사업 시행에 따라 1970년대부터 1980년대 중반까지 한시적으로 서울 일부 지역에서 지어졌던 주택이다. 토지를 소유하고 있는 지주들 몇 명이 함께 건물을 올려서 서로 지분대로 소유권을 가지고 있는 형태다. 형태는 다세대주택이지만 법적으로는 단독주택인 데다 등기상 분할등기가 아닌 공유등기로 되어 있어서 분양자격이 하나만 주어졌다.

이러한 분양자격 문제로 인해 사업 진행이 어려워지자 2009년 4월 22일에 조례를 개정해 1988년 5월 7일 이전에 협동주택의 지분등기 또는 구분등기를 한 세대는 각각 분양대상자가 될 수 있도록 해주었다. 다만 2009년 4월 22일 이후 최초로 조합설립인가를 신청하는 정비구역부터 위의 분양대상 자격완화 기준이 적용되고

등기사항전부증명서(말소사항 포함)
- 집합건물 -

고유번호 1114-1996-113746

[집합건물] 서울특별시 마포구 아현동 ■ ■ ■

【 표 제 부 】 (1동의 건물의 표시)				
표시번호	접 수	소재지번,건물명칭 및 번호	건 물 내 역	등기원인 및 기타사항
~~1~~ ~~(전 1)~~	~~1981년12월16일~~	~~서울특별시 마포구 아현동~~ ~~■~~	~~벽돌조 슬래브지붕~~ ~~2층협동주택~~ ~~1층 97.12㎡~~ ~~2층 97.12㎡~~ ~~지하실 141.29㎡~~	
				부동산등기법 제177조의 6 제1항의 규정에 의하여 1999년 03월 22일 전산이기
~~2~~		~~서울특별시 마포구 아현동~~ ~~[도로명주소]~~ ~~서울특별시 마포구~~	~~벽돌조 슬래브지붕~~ ~~2층협동주택~~ ~~1층 97.12㎡~~ ~~2층 97.12㎡~~ ~~지하실 141.29㎡~~	~~도로명주소~~ ~~2012년5월30일 등기~~
3	2019년10월1일			2019년9월6일 멸실
				3번 등기하였으므로 본 등기기록 폐쇄 2019년10월1일

(대지권의 목적인 토지의 표시)				
표시번호	소 재 지 번	지 목	면 적	등기원인 및 기타사항
~~1~~ ~~(전 1)~~	~~1. 서울특별시 마포구 아현동~~ ~~■~~	~~대~~	~~164㎡~~	~~1986년9월25일~~

있다. 그래서 협동주택 물건을 매입할 경우에는 1988년 5월 7일 이전에 지분등기 또는 구분등기가 되어 있는지, 해당 구역의 최초 조합설립인가 시점이 2009년 4월 22일 이후인지를 확인할 필요가 있겠다.

12 | 무허가 건축물인 경우

재개발 구역에는 등기가 되지 않은 무허가 건축물들을 쉽게 볼 수 있다. 이러한 무허가 건축물도 사실상 주거용으로 사용했다면 분양자격이 주어진다. 하지만 모든 무허가 건축물에 입주권 배정이 되는 것은 아니고 다음 요건(서울 기준)을 만족하는 무허가 건축물만 입주권 배정이 가능하다. 다음은 무허가 건축물 기준이다.

가. 1981년 12월 31일 현재 무허가 건축물대장에 등재된 무허가 건축물(개정 2009. 07. 30)

나. 1981년 제2차 촬영한 항공사진에 나타나 있는 무허가 건축물(개정 2009. 07. 30)

다. 재산세 납부대장 등 공부상 1981년 12월 31일 이전에 건축했다는 확증이 있는 무허가 건축물(개정 2009. 07. 30)

라. 1982년 4월 8일 이전에 사실상 건축된 연면적 85m² 이하의 주거용 건축물로서 1982년 제1차 촬영한 항공사진에 나타나 있거나 재산세 납부대장 등 공부상 1982년 4월 8일 이전에 건축했다는 확증이 있는 무허가 건축물(개정 2009. 07. 30)

마. 「공익사업을 위한 토지 등의 취득 및 보상에 관한 법률 시행규칙」(건설교통부령 344호) 부칙 제5조에 따른 무허가 건축물 중 조합 정관에서 정한 건축물(신설 2004. 11. 05, 개정 2008. 07. 30, 2008. 09. 30, 2009. 07. 30)

종전 조례(2003년 12월 30일 시행조례)에서는 무허가 건축물뿐만 아니라 사실상 주거용으로 사용되고 있는 건축물(근린생활시설로 주거로

| 무허가 건축물 확인원 |

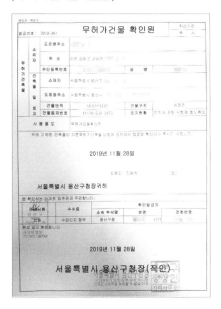

| 무허가 건축물 항공촬영사진 |

국유재산 변상금 부과액 검토 결과

○ 수신 : ▓▓▓ 님

귀하께서 구두로 문의하신 국유재산(철도부지) 무단점유에 따른 변상금 부과 예정
관련 아래와 같이 알려드리니 참고하시기 바랍니다.

< 변상금 부과액 >

국유재산 소재지	점유면적 (m²)	점유 물건	점유 용도	변상금 부과 예상액		납부의무자
				산정기간	금액(원)	
용산구 한강로3가 ▓▓▓▓▓▓	16.52	무허가 건물	주거	2020.1.1~12.31	3,035,850	▓▓▓▓
합 계					3,035,850	

◇ 주의사항
- 본 건은 "무허가건물확인원"에 "용산구 ▓▓▓ ▓▓▓"로 등재되어 있음.
- 2019년도 기준 개별공시지가를 적용함.
  · 따라서, 2020년도 개별공시지가 상승 여부에 따라 금액이 변동될 수 있음.
  · 변상금 산정(1년 기준) = 점유면적 × 년도별 개별공시지가 × 요율 × 1.2

한국철도시설공단 수도권본부
재산지원처 담당자

사용 시)에도 분양자격이 나왔지만 2008년 7월 30일 이후에는 기
존무허가 건축물로서 사실상 주거용으로 사용되고 있는 건축물에
만 분양자격이 주어졌다.

그러다가 2011년 5월 26일 조례가 개정되면서 1989년 1월
24일 당시 무허가 건축물 등(특정무허가 건축물)도 조합정관에 따라
분양자격이 주어질 수 있게 되었다. 이 특정무허가 건축물은 뒤에
다시 설명하도록 하겠다.

부동산 현장에서는 무허가 주택을 '뚜껑'이라고도 한다. 일반적

으로 국공유지 토지 위에 건물만 소유하고 있기 때문에 분양자격을 받는 데는 큰 어려움은 없고 오히려 소액투자가 가능해, 소위 선수들은 뚜껑만 찾기도 한다.

무허가 주택의 장점은 소액투자라는 점도 있지만 구역 내 비례율에 따라서 내가 국공유지 토지를 불하(매입)받을 것인지 선택할 수 있다는 점이다. 그리고 점유하고 있는 토지(국유지·시유지·구유지·철도청 등)의 관리청에 따라서 선택한 불하대금은 5~20년까지 분납할 수도 있다. 그러나 불하대금 분납은 승계가 되지 않기 때문에 관리처분계획인가 이후에 무허가 주택을 매수하는 경우라면 불하를 받은 물건인지, 불하대금은 얼마인지를 확인한 후 자금계획을 세워야 한다. 그리고 '토지에 대한 사용료, 점용료 등을 잔금일 기준으로 매도자가 정산한다.'라는 내용도 잊지 말고 계약서에 넣는 것이 좋다.

개정 조례가 적용된 구역

다음으로 2010년 7월 16일 이후 정비기본계획이 수립된 구역을 살펴보자. 종전 조례 시행일인 2003년 12월 30일 기준으로 이전 토지의 분할, 공유, 전환다세대 등의 분양자격은 주어진 반면, 이후에는 각각이 아닌 하나의 분양자격만 주어졌다. 개정 조례에 의한 분양대상 기준(권리산정기준일)에 대해 알아보도록 하자.

| 권리산정기준일 고시 |

◆ 서울특별시고시 제2020-96호
주택등 건축물의 분양받을 권리의 산정 기준일 고시

서울특별시 성동구 금호동3가 1번지 일대(가칭 금호21구역)에 대하여 「도시 및 주거환경정비법」 제77조 제1항의 규정에 따라 '주택등 건축물의 분양받을 권리의 산정 기준일'을 정하고 같은법 같은조 제2항의 규정에 따라 이를 고시합니다.

2020년 3월 12일
서 울 특 별 시 장

1. 대상지
   가. 명칭: 금호동3가 1번지 일대 주택정비형 재개발정비사업구역(가칭 금호제21구역)
   나. 위치: 서울시 성동구 금호동3가 1번지 일대
   다. 면적: 76,534㎡
2. 권리산정기준일: 2020. 3. 13.
3. 지정사유
   ○ 기존 세대수가 증가될 경우 지역주민들의 사업 부담 증가에 대한 피해 최소화 및 투기 억제를 위하여 토지의 분할, 단독·다가구주택의 다세대주택 전환, 건축물의 신축, 토지와 건축물의 분리취득 등의 행위가 기준일 이후 발생하는 경우 주택등 건축물의 분양받을 권리를 제한하기 위함임
4. 건축물의 분양받을 권리의 산정기준
   ○ 「서울특별시 도시 및 주거환경정비 조례」 제36조 제2항 규정에 따름
   ※ 「도시 및 주거환경정비법」 제16조에 따라 정비구역 지정되는 필지에 한하여 적용하되, 구역지정에서 제외되는 필지에 대한 권리산정기준일은 자동 실효
5. 관계도면: 붙임 참조
6. 안내사항
   ○ 고시 관련한 세부내용은 서울시 주거정비과(☎02-2133-7189) 및 성동구 주거정비과(☎02-2286-6571)에서 열람 가능함
   ※ 본 고시는 향후 추진될 금호동3가 1번지 일대 주택정비형 재개발정비사업에 대한 「도시 및 주거환경정비법」 및 「서울특별시 도시 및 주거환경정비 조례」 상 분양받을 권리를 산정하기 위한 기준일만 정하며, 건축물의 신축, 토지분할 등의 행위를 제한하는 것이 아님
   ※ 첨부된 관계도면은 참고용이므로 측량, 그 밖의 용도로 사용할 수 없음

시·도지사는 권리산정기준일을 정비기본계획 수립 후부터 정비구역 지정·고시일 이전에 따로 정할 수 있으나, 이 경우에는 반드시 시보에 고시해야 한다. 시·도지사가 따로 권리산정기준일 지정 없이 정비구역 지정·고시가 된다면 그 정비구역 지정·고시일이 바로 권리산정기준일이 된다. 즉 권리산정기준일은 쪼개기 금지 기준일로, 기준일 이후에 지분 쪼개기를 통해서 조합원을 늘리는

행위를 한다면 하나의 분양자격만 주어진다.

1 | 특정무허가 건축물

1982년 1차 항공사진에 나타나 있거나 1982년 4월 8일 이전에 재산세 납부대장에 있는 건축물에 대해서만 무허가 주택으로 인정해주다가, 2011년 5월 26일 조례가 개정되면서 1989년 1월 24일 이전에 있는 무허가 건축물도 분양자격을 얻을 수 있게 되었다. 이런 1989년 1월 24일 당시의 무허가 건축물 등을 특정무허가 건축물이라 한다.

즉 조례 개정일인 2011년 5월 26일 이후 최초 정비 구역 지정 주민공람을 하는 구역부터 특정무허가 건축물 기준이 적용되며, 조합정관 규정에 따라 분양자격이 결정된다. 이런 특정무허가 건축물 관련 규정은 종전보다 완화된 것으로, 2011년 5월 26일 이후에 정비구역이 지정된 재개발 구역의 물건을 매입할 경우에는 조합정관을 반드시 확인해야 한다.

2 | 종전 토지의 총면적

종전 조례에서는 30~90m² 토지도 무주택이면 분양자격이 주어졌지만 2010년 7월 16일 이후 최초 정비기본계획이 수립된 구역에서는 토지의 총면적이 90m² 이상이 되어야만 분양자격이 주어진다. 재개발 구역이 해제되었다가 다시 추진되어 구역 지정을 받는 90m² 미만의 토지는 분양자격이 주어지지 않아서 새로운 권리산정기준일 이전에 분할된 토지를 매입해서 총 토지 면적을 90m² 이상으로 만들어야만 분양자격을 받을 수 있다.

정리하자면, 권리산정기준일 이후 다음의 기준에 해당되면 분양자격이 하나만 주어진다.

- 단독주택 또는 다가구주택을 다세대주택으로 전환한 경우
- 1주택 또는 1필지의 토지를 여러 명이 소유하고 있는 경우(다만 권리산정기준일 이전부터 공유로 소유한 토지의 지분 면적이 90m² 이상인 자는 예외)
- 1필지의 토지를 여러 개의 필지로 분할한 경우
- 하나의 대지 범위 안에 속하는 동일인 소유의 토지와 주택을 건축물 준공 이후 토지와 건축물로 각각 분리해 소유하는 경우(다만 권리산정기준일 이전부터 공유로 소유한 토지의 지분 면적이 90m² 이상인 자는 예외)
- 나대지에 건축물을 새로 건축하거나 기존 건축물을 철거하고 다세대주택 등 공동주택을 건축해 토지 등 소유자가 늘어나는 경우

여러 명의 분양신청자를 1명의 분양대상자로 본다(하나의 분양자격만 주겠다라는 의미). 종전 조례는 2003년 12월 30일이 기준일이 되며 변경된 조례에서는 권리산정기준일이 기준일이 된다.

이런 분양자격 관련 서울시 도시 및 주거환경 정비조례 및 부칙 규정을 다음 장에서 설명했으니 참고해보자.

분양자격 관련 조례 및 부칙

종전 도시정비조례

제27조(주택재개발사업의 분양대상 등)

① 영 제52조 제1항 제3호에 따라 주택재개발사업으로 건립되는 공동주택의 분양대상자는 관리처분계획기준일* 현재 다음 각 호의 어느 하나에 해당하는 토지 등 소유자로 한다.(개정 2009. 07. 30) (*관리처분계획기준일: 분양신청만료일을 말함)

1. 종전의 건축물 중 주택(기존무허가 건축물로서 사실상 주거용으로 사용되고 있는 건축물을 포함한다)을 소유한 자(개정 2009. 07. 30)

2. 분양신청자가 소유하고 있는 종전 토지의 총면적이 건축조례 제29조 제1호의 규모 이상인 자. 다만 2003년 12월 30일 전에 분할된 1필지의 토지로서 그 면적이 30m² 이상인 토지(지목이 도로이며 도로로 이용되고 있는 토지를 제외한다)의 소유자는 법 제28조에 따른 사업시행인가고시일 이후부터 법 제52조 제3항에 따른 공사완료고시일까지 분양신청자를 포함한 세대원(이 경우 동일한 세대별 주민등록표상에 등재되어 있지 아니한 배우자 및 미혼인 20세 미만의 직계비속은 1세대로 보며, 1세대로 구성된 수인의 토지 등 소유자가 조합설립인가 후 세대를 분리하여 동일한 세대에 속하지 아니하는 때에도 이혼 및 20세 이상 자녀의 분가를 제외하고는 1세대로 본다) 전원이 주택을 소유하고 있지 아니한 경우에 한하여 분양대상자로 한다.(개정 2009. 07. 30, 2010. 03. 02)

3. 분양신청자가 소유하고 있는 권리가액이 분양용 최소 규모 공동

주택 1가구의 추산액 이상인 자(개정 2009. 07. 30)

4. 사업시행방식전환의 경우에는 전환되기 전의 사업방식에 따라 환지를 지정받은 자. 이 경우 제1호부터 제3호까지 규정은 적용하지 아니할 수 있다.(개정 2009. 07. 30)

5. 「도시재정비 촉진을 위한 특별법」 제11조 제4항에 따라 재정비 촉진계획에 따라 기반시설을 설치하게 되는 경우로서 종전의 주택(사실상 주거용으로 사용되고 있는 건축물을 포함한다)에 관한 보상을 받은 자(개정 2009. 07. 30)

② 제1항에 불구하고 다음 각 호의 어느 하나에 해당하는 경우에는 수인의 분양신청자를 1인의 분양대상자로 본다.(개정 2009. 07. 30)

1. 단독주택 또는 다가구주택이 건축물 준공 이후 다세대주택으로 전환된 경우(개정 2009. 07. 30)

2. 관리처분계획기준일 현재 수인의 분양신청자가 하나의 세대인 경우. 이 경우 동일한 세대별 주민등록표상에 등재되어 있지 아니한 배우자 및 미혼인 20세 미만의 직계비속은 1세대로 보며, 1세대로 구성된 수인의 토지 등 소유자가 조합설립인가 후 세대를 분리하여 동일한 세대에 속하지 아니하는 때에도 이혼 및 20세 이상 자녀의 분가를 제외하고는 1세대로 보고, 권리가액은 세대원 전원의 가액을 합산하여 산정한다.(개정 2009. 07. 30)

3. 하나의 주택 또는 한 필지의 토지를 수인이 소유하고 있는 경우. 다만 2003년 12월 30일 전부터 공유지분으로 소유한 토지의 지분면적이 건축조례 제29조에 따른 규모 이상인 자는 그러하지 아니하

다.(개정 2009. 07. 30)

4. 2003년 12월 30일 이후 한 필지의 토지를 수 개의 필지로 분할한 경우(개정 2009. 07. 30)

5. 하나의 대지 범위 안에 속하는 동일인 소유의 토지와 주택을 건축물 준공 이후 토지와 주택으로 각각 분리하여 소유한 경우. 다만 2003년 12월 30일 전에 토지와 주택으로 각각 분리하여 소유한 경우로서 토지의 규모가 건축조례 제25조 제1호에 따른 규모 이상인 경우에는 그러하지 아니하다.(개정 2009. 07. 30)

6. 단독주택 또는 비주거용 건축물을 공동주택으로 신축한 경우(기존의 공동주택을 세대 수를 늘려 신축한 경우를 포함한다). 다만 신축한 공동주택의 주거전용면적이 해당 정비사업으로 건립되는 분양용 공동주택의 최소 주거전용면적 이상인 경우에는 그러하지 아니하다.(개정 2008. 7. 30, 2009. 07. 30)

③ 제1항 제2호의 종전 토지의 총면적 및 제1항 제3호의 권리가액을 산정함에 있어 다음 각 호의 어느 하나에 해당하는 토지는 포함하지 아니한다.(개정 2009. 07. 30)

1. 「건축법」 제2조 제1항 제1호에 따른 하나의 대지 범위 안에 속하는 토지가 여러 필지인 경우 2003년 12월 30일 이후에 그 토지의 일부를 취득하였거나 공유지분으로 취득한 토지(개정 2009. 07. 30)

2. 하나의 건축물이 하나의 대지 범위 안에 속하는 토지를 점유하고 있는 경우로서 2003년 12월 30일 이후 그 건축물과 분리하여 취득한 토지(개정 2009. 07. 30)

3. 1필지의 토지를 2003년 12월 30일 이후 분할 취득하거나 공유지분으로 취득한 토지(개정 2009. 07. 30)

④ 제1항부터 제3항까지 규정에 불구하고 사업시행방식전환의 경우에는 환지 면적의 크기, 공동환지 여부에 관계없이 환지를 지정받은 자 전부를 각각 분양대상자로 할 수 있다.(개정 2009. 07. 30)

건축조례 제29조 제1호 제29조(건축물이 있는 대지의 분할제한) 법 제57조 제1항 및 영 제80조에 따라 건축물이 있는 대지의 분할은 다음 각 호의 어느 하나에 해당하는 규모 이상으로 한다.(개정 2009. 11. 11)

1. 주거지역: 90m²

2. 상업지역: 150m²

3. 공업지역: 200m²

4. 녹지지역: 200m²

5. 제1호 내지 제4호에 해당하지 아니한 지역: 90m²

전환 다세대의 분양기준 관련 부칙

부칙 제5조 (분양대상기준의 경과조치) 2003. 12. 30

제24조 제2항 제1호의 규정에 불구하고 이 조례 시행 전에 단독 또는 다가구주택을 다세대주택으로 전환하여 구분등기를 완료한 주택에 대하여는 전용면적 60m² 이하의 주택을 공급하거나 정비구역 안의 임대주택을 공급할 수 있으며, 다세대주택의 주거전용 총면적이 60m²를 초과하는 경우에는 종전 관련조례의 규정에 의한다.

단, 하나의 다세대전환주택을 공유지분으로 소유하고 있는 경우에는 주거전용 총면적에 포함시키지 아니하며 전용면적 85m² 이하 주택을 분양신청 조합원에게 배정하고 잔여분이 있는 경우, 전용면적 60m² 이하 주택 배정조합원의 상향요청이 있을 시에는 권리가액 다액 순으로 추가 배정할 수 있다.

다가구주택의 분양기준 관련 부칙

부칙 제4조(다가구주택의 분양기준에 관한 경과조치 등) 2009. 04. 22

1997년 1월 15일 전에 가구별로 지분 또는 구분소유등기를 필한 다가구주택(1990년 4월 21일 다가구주택 제도 도입 이전에 단독주택으로 건축허가를 받아 지분 또는 구분등기를 필한 사실상의 다가구주택을 포함한다)은 제24조의2 제2항 제3호의 규정에 불구하고 다가구주택으로 건축허가 받은 가구수에 한하여 가구별 각각 1인을 분양대상자로 한다.(2009. 04. 22)

제1항의 개정규정은 이 조례 시행 당시 최초로 사업시행인가를 신청하는 분부터 적용하며, 사업시행인가를 얻은 조합으로서 제1항에 따라 사업시행인가를 변경하고자 하는 경우에는 토지 등 소유자 전원의 동의를 얻어야 한다.

공동주택으로 신축한 경우 관련 부칙

부칙 (2008. 07. 30)

제1조(시행일) 이 조례는 공포한 날부터 시행한다.

제3조(분양대상 등에 관한 경과조치) 제24조 제2항 제6호의 개정규정은 이 조례 시행 후 최초로 건축허가를 신청하는 분부터 적용한다.

협동주택 관련 부칙 (2009. 04. 22)

제1조(시행일) 이 조례는 공포한 날부터 시행한다.

제3조(협동주택의 분양기준에 관한 경과조치 등)

제24조 제2항 제3호와 제24조의2 제2항 제3호에 불구하고 종전
「서울특별시 주택개량재개발사업시행조례」 제4조 제2항에 따라 건
축된 협동주택으로서 1988년 5월 7일 전에 지분 또는 구분소유등
기를 필한 세대는 사실상 구분된 가구수에 한하여 각각 1인을 분양
대상자로 한다.

제1항의 개정규정은 이 조례 시행 당시 최초로 조합설립인가를 신
청하는 분부터 적용한다.

무허가 건축물 제2조 (정의)

1. "기존무허가 건축물"이란 다음 각 목의 어느 하나에 해당하는 무
허가 건축물을 말한다.(개정 2008. 09. 30, 2009. 07. 30)

가. 1981년 12월 31일 현재 무허가 건축물대장에 등재된 무허가 건
축물(개정 2009. 07. 30)

나. 1981년 제2차 촬영한 항공사진에 나타나 있는 무허가 건축물(개
정 2009. 07. 30)

다. 재산세 납부대장 등 공부상 1981년 12월 31일 이전에 건축하였
다는 확증이 있는 무허가 건축물(개정 2009. 07. 30)

라. 1982년 4월 8일 이전에 사실상 건축된 연면적 85m² 이하의 주
거용건축물로서 1982년 제1차 촬영한 항공사진에 나타나 있거나

재산세 납부대장 등 공부상 1982년 4월 8일 이전에 건축하였다는 확증이 있는 무허가 건축물(개정 2009. 07. 30)

마. 「공익사업을 위한 토지 등의 취득 및 보상에 관한 법률 시행규칙」(건설교통부령 344호) 부칙 제5조에 따른 무허가 건축물 중 조합정관에서 정한 건축물(신설 2004. 11. 05, 개정 2008. 07. 30, 2008. 09. 30, 2009. 07. 30)

개정된 도시정비법 (구법 제50의2)

제77조(주택 등 건축물을 분양 받을 권리의 산정 기준일)

① 정비사업을 통하여 분양받을 건축물이 다음 각 호의 어느 하나에 해당하는 경우에는 제16조 제2항 전단에 따른 고시가 있은 날 또는 시·도지사가 투기를 억제하기 위하여 기본계획수립 후 정비구역 지정·고시 전에 따로 정하는 날(이하 이 조에서 "기준일"이라 한다)의 다음 날을 기준으로 건축물을 분양받을 권리를 산정한다.(개정 2018. 06. 12)

1. 1필지의 토지가 여러 개의 필지로 분할되는 경우

2. 단독주택 또는 다가구주택이 다세대주택으로 전환되는 경우

3. 하나의 대지 범위에 속하는 동일인 소유의 토지와 주택 등 건축물을 토지와 주택 등 건축물로 각각 분리하여 소유하는 경우

4. 나대지에 건축물을 새로 건축하거나 기존 건축물을 철거하고 다세대주택, 그 밖의 공동주택을 건축하여 토지 등 소유자의 수가 증가하는 경우

② 시·도지사는 제1항에 따라 기준일을 따로 정하는 경우에는 기준

일·지정사유·건축물을 분양 받을 권리의 산정 기준 등을 해당 지방자치단체의 공보에 고시하여야 한다.

부칙 (2008. 07. 30)

제1조(시행일) 이 조례는 공포한 날부터 시행한다.

제2조(사실상 주거용으로 사용되고 있는 건축물에 관한 경과조치) 이 조례 개정 전 종전의 제24조 제1항 제1호에 따른 "사실상 주거용으로 사용되고 있는 건축물"로서 이 조례 시행 전에 법 제4조 제1항에 따른 정비계획을 주민에게 공람한 지역의 분양신청자와 이외 지역에서 법 제4조 제3항에 의한 정비구역 지정고시일부터 법 제46조 제1항에 의한 분양신청기간이 만료되는 날까지 세대원 전원이 주택을 소유하고 있지 아니한 분양신청자는 종전의 규정에 의한다.

도시정비법 제50조의2에 따라 "권리산정기준일은 정비사업으로 인하여 주택 등 건축물을 공급하는 경우 법 제4조 제5항에 따른 고시가 있은 날 또는 시장이 투기억제를 위하여 기본계획수립 후 정비구역 지정·고시 전에 따로 정하는 날을 말한다."라고 정의하고 있다.

부칙 (제5007호, 2010. 07. 15)

제1조(시행일) 이 조례는 2010년 7월 16일부터 시행한다.

제3조(권리산정기준일에 관한 적용례 및 경과조치)

① 제27조 및 제28조 개정규정은 최초로 기본계획(정비예정구역에 신규로 편입지역 포함)을 수립하는 분부터 적용한다.

② 이 조례 시행 전에 기본계획이 수립되어 있는 지역 및 지구단위계획이 결정·고시된 지역은 종전 규정(제27조 및 제28조)에 따른다.

개정된 도시정비 조례

제36조(재개발사업의 분양대상 등)

① 영 제63조 제1항 제3호에 따라 재개발사업으로 건립되는 공동주택의 분양대상자는 관리처분계획기준일 현재 다음 각 호의 어느 하나에 해당하는 토지 등 소유자로 한다.

1. 종전의 건축물 중 주택(주거용으로 사용하고 있는 특정무허가 건축물 중 조합의 정관 등에서 정한 건축물을 포함한다)을 소유한 자

2. 분양신청자가 소유하고 있는 종전 토지의 총면적이 90m² 이상인 자

3. 분양신청자가 소유하고 있는 권리가액이 분양용 최소 규모 공동주택 1가구의 추산액 이상인 자. 다만 분양신청자가 동일한 세대인 경우의 권리가액은 세대원 전원의 가액을 합하여 산정할 수 있다.

4. 사업시행방식전환의 경우에는 전환되기 전의 사업방식에 따라 환지를 지정받은 자. 이 경우 제1호부터 제3호까지는 적용하지 아니할 수 있다.

5. 「도시재정비법」 제11조 제4항에 따라 재정비촉진계획에 따른 기반시설을 설치하게 되는 경우로서 종전의 주택(사실상 주거용으로 사용되고 있는 건축물을 포함한다)에 관한 보상을 받은 자

② 제1항에도 불구하고 다음 각 호의 어느 하나에 해당하는 경우에는 여러 명의 분양신청자를 1명의 분양대상자로 본다.

1. 단독주택 또는 다가구주택을 권리산정기준일 후 다세대주택으로 전환한 경우

2. 법 제39조 제1항 제2호에 따라 여러 명의 분양신청자가 1세대에 속하는 경우

3. 1주택 또는 1필지의 토지를 여러 명이 소유하고 있는 경우. 다만 권리산정기준일 이전부터 공유로 소유한 토지의 지분이 제1항 제2호 또는 권리가액이 제1항 제3호에 해당하는 경우는 예외로 한다.

4. 1필지의 토지를 권리산정기준일 후 여러 개의 필지로 분할한 경우

5. 하나의 대지 범위에 속하는 동일인 소유의 토지와 주택을 건축물 준공 이후 토지와 건축물로 각각 분리하여 소유하는 경우. 다만 권리산정기준일 이전부터 소유한 토지의 면적이 90m^2 이상인 자는 예외로 한다.

6. 권리산정기준일 후 나대지에 건축물을 새로 건축하거나 기존 건축물을 철거하고 다세대주택, 그 밖에 공동주택을 건축하여 토지 등 소유자가 증가되는 경우

③ 제1항 제2호의 종전 토지의 총면적 및 제1항 제3호의 권리가액을 산정함에 있어 다음 각 호의 어느 하나에 해당하는 토지는 포함하지 않는다.

1. 「건축법」 제2조 제1항 제1호에 따른 하나의 대지 범위 안에 속하는 토지가 여러 필지인 경우 권리산정기준일 후에 그 토지의 일부를 취득하였거나 공유지분으로 취득한 토지

2. 하나의 건축물이 하나의 대지 범위 안에 속하는 토지를 점유하고 있는 경우로서 권리산정기준일 후 그 건축물과 분리하여 취득한 토지

3. 1필지의 토지를 권리산정기준일 후 분할하여 취득하거나 공유로 취득한 토지

④ 제1항부터 제3항까지에도 불구하고 사업시행방식전환의 경우에는 환지 면적의 크기, 공동환지 여부에 관계없이 환지를 지정받은 자 전부를 각각 분양대상자로 할 수 있다.

특정무허가 건축물 관련 도시정비 조례 및 부칙

"특정무허가 건축물"이란 건설교통부령 제344호 「공익사업을 위한 토지 등의 취득 및 보상에 관한 법률 시행규칙」 부칙 제5조에 따른 1989년 1월 24일 당시의 무허가 건축물 등을 말한다.(개정 2008. 09. 30, 2009. 07. 30, 2011. 05. 26)

부칙 (제5102호, 2011. 05. 26)

제1조 (시행일) 이 조례는 공포한 날부터 시행한다.

제2조(특정무허가 건축물의 정의 및 주택재개발사업의 분양대상 등에 관한 적용례) 제2조 제1호 및 제27조 제1항 제1호의 개정규정은 이 조례 시행 후 최초로 영 제11조 제1항에 따라 주민공람을 하는 분부터 적용한다.(2011년 5월 26일 이후 최초로 정비구역 지정 주민공람하는 구역부터 적용) 재당첨 제한 관련 도시정비법 및 부칙 제46조(분양공고 및 분양신청) 변경 후(제72조)

경우에 따른
조합원 입주권 양도세

양도차익에 대한 세금인 양도소득세(양도세)는 범위도 넓고 내용도
많아서 어려운 분야이지만 재개발 조합원 입주권 관련 양도세 정
도는 알고 있는 것이 도움이 된다. 얄팍한 지식으로 세금 계산을
잘못하면 큰 실수를 할 수도 있기에 반드시 계약 전에는 세무사 상
담을 받아야 한다. 그러나 이때 기본 개념을 알고 전문가의 도움을
받는 것과 "난 아무것도 모르니 알아서 해주세요."라고 맡기는 것
은 엄연히 다르다. 상황에 따라 조합원 입주권 양도세가 어떻게 달
라지는지 알아보자.

1 | 양도세 주택 수에 포함되는 조합원 입주권

양도세 계산 시 입주권도 엄연한 주택으로 간주한다. 조정대상지역 내 2주택 이상이면 '기본세율(6~45%)+10%p(2021년 6월 1일 이후 20%p)' 중과가 적용되며, 3주택 이상이면 '기본세율+20%p(2021년 6월 1일 이후 30%p)' 중과가 적용되기에 중과 대상이 되느냐 안 되느냐는 매우 중요한 절세 포인트다.

예를 들어 서울에 일반 아파트 1채와 재개발 조합원 입주권 1개를 보유하고 있다면 1세대 2주택이 된다. 서울 전 지역은 조정대상지역이므로 일반 아파트 1채를 팔면 16~55%(2021년 6월 1일 이후 26~65%)의 높은 세율이 적용된다. 하지만 입주권을 팔 때는 중과 대상이 되지는 않는다. 따라서 일반 아파트가 아닌 입주권 1개를 팔면 중과(16~55%, 2021년 6월 1일 이후 26~65%)되지 않고 기본세율 6~45%가 적용된다.

혹시라도 조정대상지역에 일반 아파트와 입주권을 보유해서 1세대 2주택이라면 입주권을 먼저 양도해서 중과를 피하고 일반 아파트는 나중에 1주택 비과세 대상을 만들어 양도하는 것이 유리할 수 있다.

2 | 입주권의 장기보유특별공제 적용

장기간 보유한 주택에 대해 보유 기간에 따라 6~30%(1세대 1주택 24~80%)를 공제해주는 장기보유특별공제 역시 적용 유무에 따라 절세 전략에 큰 영향을 미친다. 조합원 입주권의 장기보유특별공제는 원 조합원이냐 승계 조합원이냐에 따라 달라진다. 자기 주택이 입주권으로 전환된 원 조합원이라면 장기보유특별공제가 적용되지만, 조합원으로부터 취득한 승계 조합원은 장기보유특별공제가 적용되지 않는다.

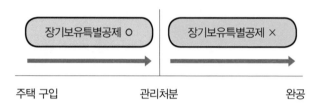

3 | 1주택자가 조합원 입주권 취득 후 일반 주택을 먼저 양도하는 경우

1주택을 소유한 1세대가 조합원 입주권을 취득해서 1주택과 1조합원 입주권이 된 경우 3년 이내 종전 주택을 양도하면 양도세 비과세가 가능하다. 일시적 2주택 규정이 동일하게 적용되어 종전 주택을 취득한 날부터 1년 이상 지난 후 조합원 입주권을 구입해야 한다.

3년이 경과하면 어떻게 될까? 3년이 경과되었다면 다음의 요건을 충족해야만 양도세 비과세를 받을 수 있다. 재개발사업이 완성되어 2년 이내에 재개발로 새 아파트가 된 그 주택에 세대 전원이 이사를 가서 1년 이상 거주를 해야 하고, 새 주택이 완성되기 전 또는 후 2년 이내에 종전 주택을 양도해야만 한다.

4 | 소유 주택이 입주권으로 전환되어 임시로 대체주택을 구입한 경우

살던 집이 재개발사업으로 철거되는 경우 길바닥에 나앉을 수는 없기에 임시 거주를 위한 대체주택 구입에 대한 특례 규정을 만들어두었다. 재개발사업의 사업시행계획인가일 이후 임시 거주를 위한 대체주택을 취득해 1년 이상 거주해야 하고 재개발사업이 완공된 후 2년 이내에 새 아파트에 세대 전원이 이사해서 1년 이상 거주해야 한다. 그리고 재개발사업으로 새 아파트가 완성되기 전 또는 후 2년 이내 대체주택을 양도하면 양도세 비과세를 받을 수 있다.

5 | 1주택자가 조합원 입주권을 상속받은 경우

상속받은 조합원 입주권과 그 밖의 일반 주택을 국내에 각각 하나씩 소유하고 있는 1세대가 일반 주택을 양도하는 경우에는 국내에 주택 1채를 소유하고 있는 것으로 보고, 양도세 비과세 요건을 충족하면 비과세 혜택을 받을 수 있다.

입주권이 1개가 아니라 2개 이상이라면 피상속인(상속재산을 준 사망인)이 소유한 기간(주택 소유 기간+조합원 입주권 소유 기간)이 가장 긴 1조합원 입주권에 한해 1주택으로 보고 혜택을 준다.

6 | 동거봉양을 위해 세대를 합친 경우

동거봉양하기 위해 세대를 합침으로써 1세대가 주택과 조합원 입주권을 소유하게 된 경우 세대를 합친 날부터 10년 이내에 최초 양도하는 주택은 1세대 1주택으로 보고 양도세 비과세 요건 충족하면 비과세를 받을 수 있다.

물론 직계존속(부모와 배우자 부모 포함) 중 한 사람이 60세 이상이어야 한다. 예를 들어 1주택과 1입주권이 있는 부모와 1주택이 있는 자녀가 세대를 합친 경우 10년 내 처음 한 번 양도하는 주택은 1세대 1주택으로 보고 양도세 비과세(1세대 1주택 비과세 요건 충족)가 가능하다.

7 | 혼인으로 세대를 합친 경우

혼인으로 세대를 합쳐 주택과 조합원 입주권을 가지게 된 경우 혼인한 날로부터 5년 이내 최초 양도하는 주택은 1세대 1주택으로 본다. 예를 들어 예비 남편이 1주택을 소유하고 있었고 예비 아내가 1주택과 1조합원 입주권을 소유한 경우 결혼해 세대를 합쳤다면 이 중 먼저 파는 1주택은 양도세 비과세를 받을 수 있다.

8 | 농어촌 주택과 일반 주택 및 조합원 입주권을 가지고 있는 경우

농어촌 주택(이농주택에 한함)과 일반 주택 및 조합원 입주권을 소유하고 있는 1세대가 일반 주택을 양도하는 경우에는 농어촌 주택은 없는 것으로 보고 앞서 항목 3과 4의 규정을 적용해 일반 주택의 비과세를 받을 수 있다.

9 | 문화재로 지정된 주택과 일반 주택 및 조합원 입주권을 소유한 경우

항목 8과 비슷하게 문화재 지정 주택을 제외한 1주택과 1조합원 입주권을 가지고 있는 것으로 보고 항목 3과 4 규정의 특례가 적용된다.

10 | 1세대 1주택 비과세 요건을 갖춘 조합원 입주권 양도

1세대 1주택 요건(2년 보유, 조정대상지역 2년 거주)을 갖춘 주택이 위치한 정비사업이 잘 진행되어 조합원 입주권으로 전환된 경우, 양도일 현재 다른 주택이 없다면 1세대 1주택을 양도한 것으로 보고 비과세가 가능하다.

조합원 입주권을 구입한 경우는 안 되고 원래 가지고 있던 집이 재건축이나 재개발이 되어 입주권이 된 경우를 말한다. 또 1조합원 입주권 외 1주택을 취득한 경우에는 일시적 2주택 규정이 적용되어 취득 후 3년 내 조합원 입주권을 양도하는 경우도 역시 양도세 비과세가 가능하다.

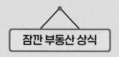

입주권 VS. 분양권

"실거주로 1주택을 보유하고 있는데 분양권을 구입할 예정입니다. 혹시 분양권 때문에 기존 1주택 양도세 비과세를 못 받는 것은 아닌가요?"

결론부터 말하자면 보유하던 1주택은 양도세 비과세를 받을 수 있다. 추가 구입한 분양권은 주택이 아니기 때문이다. 다만 2021년 이전에 양도해야만 한다. 2021년 이후 양도부터는 분양권도 양도세 주택 수에 포함되기 때문에 비과세를 못 받을 수 있으니 주의가 필요하다.

분양권이 어떤 경우에 주택이 되는지 혹은 안 되는지, 입주권은 어떻게 되는지 한번 알아보도록 하자.

분양권과 입주권의 차이

분양권이란 주택청약통장을 이용해 청약 후 당첨되면 향후 입주할 아파트를 받을 권리다. 쉽게 생각해서 당첨권이라 이해하면 되겠다. 일반적으로 아파트에 청약해서 당첨되면 분양권을 얻게 된다. 분양권은 주택이 아니기에 취득세와 재산세 대상이 아니지만 양도소득세는 내야 한다.

분양권을 팔 때 양도차익에 부과되는 양도소득세율은 2017년 8·2대책으로 인해 2018년 1월 1일 이후 양도하는 조정대상지역 분양권부터 50%의 단일 세율이 적용된다. 이전까지는 보유 기간에 따라 1년 미만 50%, 1~2년 40%, 2년 이상 6~42%가 적용되었는데 규제 강화로 단일 50%로 강화된 것이다.

물론 계약금을 내고 분양계약을 해야 정상적인 분양권자가 된다. 당첨 후 계약을 하지 않았다면 분양권 취득은 못 하고 당첨자 관리 대상은 되어서 재당첨 제한이 적용되는 동안 다른 아파트에 청약할 수 없다. 또 청약에 사용했던 청약통장은 계약을 안 하더라도 다시 사용할 수 없기에 은행에 가서 새로운 청약통장을 만들어야 한다. 이런 일이 발생하지 않도록 청약은 신중히 하도록 하자.

입주권은 재건축·재개발 사업 시 관리처분계획인가를 받은 조합원이 정비사업 전 보유하던 집 대신 공사 후 받을 새집에 입주할 수 있는 권리다. '분양권이나 입주권이나 비슷하네.' 이렇게 생각할 수 있지만 취득세부터 차이가 난다. 취득세가 없는 분양권과 달리

| 분양권과 입주권의 차이 |

구분	분양권	입주권
발생 시기	청약 후 당첨 계약 이후	정비사업 관리처분계획인가 이후
청약통장 유무	필요	필요 없음
취득세	없음	토지가격 4.6%
재산세	없음	있음
양도세	있음(2021년 이후)	있음
양도세율	2021년 6월 이전 조정대상지역 50% 보유 기간에 따라 조정 - 1년 이내 50% - 1~2년 40% - 2년 이상 6~45% 2021년 6월 이후 1년 미만 70% 1년 이상 60%	2021년 6월 이전 1년 이내 40% 1년 이상 기본세율 6~45% 2021년 6월 이후부터 1년 이내 70% 1~2년 60% 2년 이상 기본세율 6~45%
양도세 주택 수	포함(2021년 양도부터)	포함
전매제한	적용	미적용

입주권은 주택이 철거되면서 토지에 대한 취득세가 발생하며 일반 주택(1~3%)보다 높은 4%(농어촌특별세·지방교육세 포함 4.6%)의 세율이 적용된다.

양도소득세를 내는 것은 당연하고 양도세 중과 주택 수에도 포함된다. 이는 보유 중인 다른 주택을 양도세 중과로 만들 수 있다는 것이며, 입주권 자체는 중과되지 않는다. 예를 들어 2년 이상 보유한 조정대상지역 A아파트를 보유하던 중 B입주권을 구입하게 되면 A아파트 양도 시 2주택이 되어 기본 세율 6~45%에서 중과 세율 16~55%(2021년 6월 1일 이후 26~65%)의 무거운 세율이 적용된다. 다만 B입주권을 양도하는 경우에는 중과가 아닌 기본 세율이 적용된다.

참고로 분양권은 분양권 자체를 팔 때는 50%의 양도세율로 양도세를 내야 하지만 주택 수에는 포함되지 않아서 A아파트 양도 시 1주택으로 양도세 비과세가 가능했다. 하지만 2021년부터 분양권도 양도세 주택 수에 포함된다.

분양권을 주택으로 보는 경우

이제는 분양권을 언제 주택으로 보는지 혹은 안 보는지에 대해 알아보자. 분양권을 주택으로 보는 경우는 다음과 같다.

1 | 주택청약 시

2018년 9·13대책으로 2018년 12월 11일 이후 취득하는 분양권은 청약 시 주택으로 간주된다. 분양권이 있으면 새로운 아파트 청약 시 무주택으로 인정되지 않고 유주택이 되어 불이익을 당한다. 투기하지 말라는 의미일 것이다.

2 | 주택담보대출 시

역시 2018년 9·13대책으로 청약할 때뿐만 아니라 금융기관으로부터 주택담보대출을 받을 때도 주택으로 간주되어 대출이 제한된다. 이 또한 투기 억제 차원으로, 서민의 주거안정에 도움이 되는 전세자금대출을 받을 때의 분양권은 주택 수에 포함되지 않는다.

3 | 이월과세 적용

분양권은 이월과세가 적용되어 보유하고 있던 아파트를 배우자에게 증여 후 5년 내 양도할 경우 불이익을 당할 수 있다. 이월과세란 배우자나 직계존비속(부모와 자식) 등 특수관계인에게 보유하고 있는 부동산을 증여 후 5년 이내 양도할 경우 증여를 통해 취득가액을 높여 양도차익을 줄였다는 탈세의 의미로 취득 시점이 증여받은 시점이 아니라 증여한 시점이 된다.

예를 들어 남편이 5억 원에 분양받은 지 1년 후 7억 원에 부인에게 증여했고 증여 후 3년이 지나 10억 원에 양도했다면, 양도차익은 3억 원(10억 원-7억 원)이 아니라 5억 원(10억 원-5억 원)이 된다.

4 | 2021년부터 양도 시에도 주택 수로 간주

정부가 규제를 강화하기 전까지 분양권은 당연히 주택이 아니었다. 그러나 2018년 9·13대책 때문에 주택으로 간주되었고 2021년 양도분부터 양도세 주택 수에 포함되며 2021년 6월 이후부터 양도세율도 1년 미만 70%, 1년 이상 60%로 중과가 된다.

지역주택조합은
재개발과 다르다

"제가 조합 가입을 했는데 잘한 일인지 걱정됩니다. 잘한 것일까요?"

상담을 하다 보면 이렇게 지역주택조합 관련 질문을 자주 받는다. 그만큼 지역주택조합이 말도 많고 탈도 많은 까닭이다. 분양가가 낮게 책정되다 보니 관심을 가질 수밖에 없는데, 사실 덥석 잡기에는 불안하다. 지역주택조합이 재개발과 비슷한 정비사업이라고 생각하는 사람들이 의외로 많다. 결론부터 말하면 지역주택조합은 재개발과 전혀 다르다. 재개발은 「도시 및 주거환경정비법」에 근거를 둔 정비사업이고, 지역주택조합은 「주택법」에 따라 지역 주민들이 힘을 모아 아파트를 짓는 사업이다.

지역주택조합이란 무엇인가

「주택법」상 여러 구성원이 사업계획 승인을 받아 주택을 마련하기 위해 결성하는 주택조합인 지역주택조합은 구분된 지역에 거주하는 주민이 주택을 마련하기 위해 설립하게 된다.

참고로 직장주택조합, 리모델링주택조합도 주택조합인데, 리모델링주택조합은 우리가 흔히 알고 있는 15년 이상 된 노후 아파트를 개량하기 위한 조합이며, 직장주택조합은 같은 직장의 근로자가 주택을 마련하기 위해 설립한 조합이다.

지역주택조합이 아무 지역이나 다 되는 것은 아니고, 아래와 같이 구분된 지역에 거주하는 주민들끼리만 가입이 가능하다. 예를 들어 대전시 거주자가 서울의 지역주택조합원은 될 수 없다.

① 서울시, 인천시, 경기도
② 대전시, 충청남도, 세종시
③ 충청북도
④ 광주광역시, 전라남도
⑤ 전라북도
⑥ 대구시, 경상북도
⑦ 부산시, 울산시, 경상남도
⑧ 강원도
⑨ 제주도

지역주택조합사업 절차

지역주택조합사업은 사업대상지를 정한 뒤 지역주택조합 추진위원회가 구성되면 주택조합 규약을 작성하고 조합원을 모집하게 된다. 지역주택조합원은 해당 지역 거주자라고 무조건 되는 것은 아니고 다음의 자격 요건이 필요하다.

① 같은 지역에 6개월 이상 거주할 것
② 조합설립인가 신청일로부터 조합주택의 입주 가능일까지 무주택이거나 주거 전용면적 85m² 이하 주택 1채를 소유한 세대주

만약 조합원이 사망해 그 지위를 상속받게 되는 경우라면 이 자격 요건에 해당되지 않아도 조합원이 될 수 있다.

또 주택조합 조합원 수는 주택건설 예정세대 수의 50% 이상이 되어야 하며 최소 20명 이상은 되어야 한다. 예를 들어 300세대 아파트를 건립할 예정의 지역주택조합이라면 150명 이상이 조합원이 되면 된다. 30세대 아파트라면 50%인 15명 이상, 그러나 최소 기준에 맞춰 20명 이상은 조합원이 되어야 한다.

지역주택조합을 설립하려면 80% 이상의 토지 사용 권원을 확보해서 시장, 군수, 구청장에게 신고한 뒤 인가를 받아야 한다. 조합설립인가를 받으면 2년 내 사업계획승인을 신청해야 하며, 승인 신청을 하지 않으면 조합설립인가가 취소될 수도 있으니 주의가

필요하다. 보통 정비사업은 조합설립 후 3년 내 사업시행계획인가를 받으면 되는데, 지역주택조합은 문제가 생긴 일이 많아서 2년으로 강화된 규정을 적용하고 있다.

사업계획승인을 받으면 승인을 받은 날로부터 5년 이내 착공신고를 하고 공사를 한다. 공사가 완료되면 사용검사를 받고 청산 및 해산을 하게 되면서 지역주택조합사업은 마무리된다.

지역주택조합원 교체와 신규 가입

지역주택조합 설립인가를 받은 이후에는 원칙적으로 조합원을 교체하거나 신규로 조합원이 가입할 수 없다. 다만 조합원 수가 주택건설 예정세대 수를 초과하지 않는 범위 내에서 시장, 군수, 구청장으로부터 추가 모집을 승인받거나 조합원의 사망 또는 조합원의 탈퇴 등으로 조합원 수가 주택건설 예정세대 수의 50% 미만이 되는 경우 등이라면 예외적으로 가능하다.

많은 사람이 궁금해하는 것이 조합원 탈퇴다. 분양가가 저렴한 것 같아서 조합원이 되었는데 사업이 생각보다 잘 진행되지 않거나 조합장이나 임원들의 비리가 발생할 수도 있다. 또 처음 말했던 것과 달리 추가분담금을 더 많이 요구하는 경우가 빈번하기 때문에 조합원 탈퇴를 나중에야 결심한다. 하지만 가입하기는 쉬워도 탈퇴는 어렵다. 조합원 모집 당시에는 허위 과장 광고에 현혹되었다가 제정신이 돌아와 '아차' 할 때는 이미 늦었다.

지역주택조합을 쉽게 이해하자면 동업을 생각하면 된다. 조합은 공동의 소유권은 있지만 소유 지분이 등기로 명시되지 않는 합유(合有) 개념으로 한 배를 탄 동업자들이다.

친구와 동업을 하기로 하고 1천만 원을 각각 투자했는데, 사업을 하다 보니 추가로 1천만 원을 더 투자하게 되었다. 그러다 '아무래도 난 사업이 맞지 않는가 보다.' 하는 생각에 동업하는 친구에게 "친구야, 나 이제 사업 그만하고 싶어, 내가 투자한 돈 돌려줘."라고 하면 "응, 알았어. 바로 돈 줄게."라고 말하는 이런 친구가 얼마나 될까?

사업이 엄청 잘되는 상황이라면 동업한 친구가 빚을 내서라도 투자금을 돌려주고 지분을 더 확보하겠지만, 사업이 어려워 그만하고 싶다는 상황에서 동업한 친구가 그런 부담을 지고 싶지는 않을 것이다. 지역주택조합도 이런 경우다. 기다리다 지쳐 조합원을 탈퇴하고 싶다고 했을 때 바로 탈퇴하게 해주는 조합은 잘 없다. 특히 내가 낸 돈까지 돌려달라고 하면 더욱더 그렇다. 동업해서 지금까지 투자한 돈은 사업자금으로 다 사용해서 돈을 더 내도 시원찮을 판에 탈퇴라니. 그나마 조합의 과실이나 위반사항을 찾을 수 있다면 소송이라도 하지만 그렇지 않으면 마음고생이 이만저만 아니다.

지역주택조합 선택 기준

그래서 지역주택조합은 조합원이 되기 전에 관계자 말에 현혹되지 말아야 한다. 그렇다고 지역주택조합이라는 이름만으로 가입하면 안 된다는 색안경을 낄 필요도 없다. 실제 토지 확보율, 조합원 모집률, 추가 비용 발생 여부, 허위 과장 광고 여부 등을 꼼꼼하게 팩트 체크를 하면 된다.

이런 조사가 어렵다면 사업장 주변 부동산 중개업소 3~4곳을 방문해서 의견을 구해보면 큰 도움을 받을 수 있다. 현장에서 영업을 하는 공인중개사가 어느 전문가보다 더 최고의 전문가이기 때문이다.

현장조사를 하고 팩트체크를 했음에도 타당성을 확인할 수가 없거나 확신이 없다면 투자하지 않는 것이 좋다. 성공보다는 실패 확률이 더 높으니 말이다.

가로주택정비사업 vs.
소규모재건축사업

우리가 일반적으로 알고 있는 정비사업인 재건축·재개발, 주거환
경개선사업은 「도시 및 주거환경정비법」에 의한 노후 주거지 정비
사업임을 앞서 설명했다. 이와 달리 「빈집 및 소규모주택 정비에
관한 특례법」에 의한 정비사업도 있다.

　이른바 자율주택정비사업, 가로주택정비사업, 소규모재건축사
업, 빈집정비사업이다. 이 중 빈집을 제외한 소규모주택 정비사업
은 다음 표와 같이 3가지 유형이 있다(「빈집 및 소규모주택 정비에 관한
특례법」 제2조 제1항 제3조).

| 소규모주택 정비사업 3가지 유형 |

구분	내용

자율주택
정비사업
	- 단독주택, 다세대주택, 연립주택을 스스로 개량 또는 건설하는 사업
	- 2명 이상의 토지 등 소유자(주민합의체)가 시행자가 되며 시장·군수
	  등, LH 등, 건설업자, 등록사업자, 신탁업자, 부동산투자회사가 공동
	  시행자가 될 수 있다.

가로주택
정비사업
	- 단독주택, 공동주택이 대상으로 가로구역에서 종전의 가로를 유지하
	  며 소규모로 주거환경을 개선해 주택 등을 건설·공급·보전·개량하
	  는 사업
	- 토지 등 소유자(20명 미만 주민협의체) 또는 조합이 시행자가 되며 시
	  장·군수 등, LH 등, 건설업자, 등록사업자, 신탁업자, 부동산투자회
	  사가 공동시행자가 될 수 있다.

소규모재
건축사업
	- 정비기반시설이 양호한 지역에서 소규모로 공동주택을 재건축하는
	  사업
	- 주택, 부대·복리시설 및 오피스텔을 건설·공급
	- 토지 등 소유자(20명 미만 주민협의체) 또는 조합이 시행자가 되며
	  시장·군수 등, LH 등, 건설업자, 등록사업자, 신탁업자, 부동산투자
	  회사가 공동시행자가 될 수 있다.

　　가로주택정비사업과 소규모재건축사업은 「도시 및 주거환경정
비법」상 재개발·재건축사업과 달리 정비기본계획, 정비계획, 정
비구역, 안전진단, 건축제한의 규정이 없어 빠른 사업 추진이 가
능하다.

　　이상 3개의 소규모주택 정비사업 유형 중 사람들의 관심이 많은
가로주택정비사업과 소규모재건축사업에 대해 조금 더 상세히 알
아보자.

1 가로주택정비사업

가로주택정비사업은 가로구역(도로로 둘러싸인 지역)에서 종전의 가로(街路)를 유지하면서 소규모로 주거환경을 개선하는 사업이다. 지역 제한 없이 전국에서 시행될 수 있으며, 가로구역 안에 존재하는 건축물이 단독주택이든 공동주택이든 상관없다.

사업대상 지역은 도시계획시설 도로로 둘러싸인 면적이 1만m² 이하의 가로구역 중 노후·불량 건축물 수가 전체 건축물의 2/3 이상이고 해당 구역에 있는 주택 수가 20세대 이상이면 가능하다. 다만 해당 지역의 일부가 광장, 공원, 녹지, 하천, 공용주차장, 너비 6m 이상의 「건축법」상 도로에 접한 경우에도 가로구역으로 인정된다. 그리고 2019년 10월 개정된 내용에 따르면 정비기반시설 및 공동이용시설이 적정하게 확보된다. 가로구역의 면적이 1만m² 이하에서 2만m² 이하로 확대된다.

2 소규모재건축사업

소규모재건축사업은 정비기반시설이 양호한 지역에서 소규모로 공동주택을 재건축하기 위한 사업이다. 쉽게 말해서 우리가 알고 있는 기반시설이 낙후된 지역을 정비하는 재개발사업과 비슷하면서 소규모로 빨리 추진될 수 있게 해준 것이 가로주택정비사업이고, 기반시설은 양호한데 주택만 낡아서 정비하는 재건축사업과 비슷하면서 소규모로 빨리 추진될 수 있게 만든 것이 소규모재건축사업이라 이해하면 되겠다.

조금 더 깊이 들어가보면 소규모재건축사업은 「도시 및 주거환경정비법」 제2조 제7호의 주택단지로서 다음의 3가지 요건을 충족한 지역에서 시행한다.

빈집 및 소규모주택정비에 관한 특례법

(제2조 제1항 제3호 다목. 영 제3조 제3호)

① 해당 사업 시행구역의 면적이 1만m² 미만일 것

② 노후·불량 건축물의 수가 해당 사업 시행구역 전체 건축물 수의 2/3 이상일 것

③ 기존 주택의 세대 수가 200세대 미만일 것

또 소규모재건축사업은 가로주택정비사업과 달리 재건축부담금(재건축초과이익 환수) 대상이다.

서울 재개발 구역
정보 알아보기

서울의 재개발사업 구역은 많아도 너무 많다. 서울시에서 운영하는 서울시 재건축·재개발 클린업시스템(cleanup.seoul.go.kr)에 등록된 정비사업장은 무려 600개가 넘는다. 이 중 재건축과 도시환경정비사업을 제외한 재개발 사업장만 다시 검색해보면 229개(일시중단된 사업장 36개)의 사업장이 나온다.

200개 넘는 재개발 사업장 중 어디에 관심을 가져야 하고 어느 사업장이 어디에 있는지 어느 단계까지 진행되었는지 일일이 다 조사해야 한다고 하면 그냥 포기하고 싶은 마음부터 생긴다. 하지만 걱정하지 말자. 이 책에는 이 많은 재개발 사업장 중 입지나 선

호도, 장기적으로 투자가치가 있는 서울의 알짜 재개발 사업장만
선별해 필요한 중요 내용만 담았다.

　강남과 버금가는 최고의 관심 대상인 용산 한남뉴타운을 비롯해
용산 한강로 도시환경정비사업, 중구 신당 주택재개발 정비사업,
강남 유일의 재개발사업인 거여·마천 뉴타운, 강남5구로 떠오르는
흑석과 노량진뉴타운, 마용성의 핵심 성수전략정비구역, 마포의
아현과 북아현, 서울 도심을 다시 보게 만드는 동대문 이문·휘경 뉴
타운, 새롭게 떠오르는 수색·증산 뉴타운까지 서울의 중요 재개발
구역을 선별 조사해 담았다. 서울 재개발 투자를 원하는 사람들이

라면 반드시 필요로 하는 핵심 내용을 2부에서 소개하려고 한다.

모든 구역을 다 소개했으면 더 좋았겠지만 지면의 한계상 선별해 선정했다. 이 책에서 언급하지 않은 구역이 투자가치가 낮은 것은 아니다. 단순히 이분법적으로 판단하지 말고 이 책에서 얻은 노하우를 기초로 손품, 발품 팔아서 충분히 투자가치가 있는 재개발 투자를 하기 바란다.

서울 도심의 새 아파트 공급계획
공공재개발

강력한 수요억제 규제정책을 쏟아부었음에도 서울 집값이 잡히지 않자, 문재인 정부는 공급확대 카드를 꺼내 들고 3기 신도시와 서울 태릉CC(태릉골프장)부지 등 유휴부지 개발을 추진했다. 하지만 이를 비웃기라도 하듯이 집값은 신고가 행진을 이어갔고, 등 떠밀리다시피 공공재개발 사업을 시작하게 되었다.

앞서 설명했듯이 도심에 새 아파트를 공급하려면 재건축·재개발 정비사업이 가장 효과적이다. 특히 서울은 이 방법밖에는 없다. 그러나 자칫 정비사업을 풀어준다는 잘못된 시그널을 줌으로써 투기확산을 우려한 정부는 계속 주저했다. 결국 재개발을 하지 않으면

안 되는 상황까지 내몰리고 나서야 공공재개발이라는 형식을 빌려 재개발사업이 제대로 진척되지 않았던 8곳을 공공재개발 1차 후보지로 선정해 3천 가구를 추가 공급하기로 한 것이다.

　서울 주택부족 문제가 이 정도 물량이 늘어난다고 해결될 문제는 아니다. 또 2021년 서울시장 보궐선거에서 당선된 오세훈 서울시장이 재건축·재개발 정비사업 규제를 대폭 완화해주겠다고 했고, 2022년 대통령 선거도 있어 정책의 변화는 있을 수 있다. 하지만 지금까지 공공이 주도해서 잘된 경우도 잘 없어서 공공재개발에 큰 기대를 할 필요는 없을 것 같다. 하지만 여러 문제로 제대로 사업이 진행되지 않고 있던 서울 도심 재개발 구역에 공공이 개입해 사업속도를 높여 예상보다 빨리 질 좋은 새 아파트가 시장에 공급된다면 업그레이드된 재개발 방식으로 자리를 잡을 가능성도 배제할 수는 없다. 공공재개발, 일단 한 번 지켜보도록 하자.

공공재개발이란 무엇인가

공공재개발은 LH(한국토지주택공사), SH(서울 주택도시공사) 등 공공기관이 시행사로 참여해서 주택 공급 및 주거환경 개선 등을 촉진하는 재개발사업이다. 2021년 공공재개발 1차 후보지로 선정된 8곳은 사업성 부족과 주민 간 갈등으로 정비구역으로 지정되고서 평균 10년 이상 사업 진척이 없던 지역들이다. 공공재개발 시범지역

| 서울공공재개발 사업 후보지 |

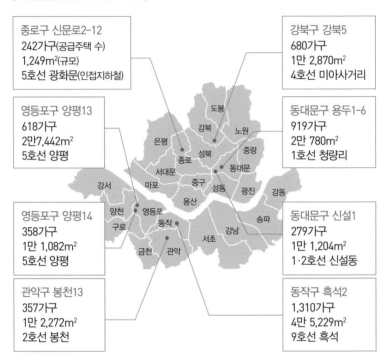

종로구 신문로2-12
242가구(공급주택 수)
1,249m²(규모)
5호선 광화문(인접지하철)

강북구 강북5
680가구
1만 2,870m²
4호선 미아사거리

영등포구 양평13
618가구
2만7,442m²
5호선 양평

동대문구 용두1-6
919가구
2만 780m²
1호선 청량리

영등포구 양평14
358가구
1만 1,082m²
5호선 양평

동대문구 신설1
279가구
1만 1,204m²
1·2호선 신설동

관악구 봉천13
357가구
1만 2,272m²
2호선 봉천

동작구 흑석2
1,310가구
4만 5,229m²
9호선 흑석

도봉
강북
노원
은평
성북
중랑
종로
서대문
동대문
마포
중구
성동
광진
강동
강서
용산
양천
영등포
동작
구로
송파
강남
금천
관악
서초

자료: 국토교통부

은 지도에서 보듯이 종로구 신문로2-12, 영등포구 양평13, 양평
14, 관악구 봉천13, 강북구 강북5, 동대문구 용두1-6, 동대문구 신
설1, 동작구 흑석2, 이렇게 8곳이다.

　국토교통부에 따르면 공공재개발 사업은 용적률을 법적 상한
의 120%까지 허용한다. 현재 1,704가구에서 4,763가구로 공급
하겠다는 것이다. 골드라인으로 불리는 지하철 9호선이 인접한
흑석2구역은 기존 270가구뿐이었는데 공공재개발을 하게 되면

1,310가구로 늘어나게 된다. 아마 공공재개발 후보지에서 가장 인기가 높은 구역을 꼽으라면 흑석2구역이지 않을까 싶다. 흑석은 이미 마용성(마포·용산·성수)에 버금가는 신흥 부촌으로 자리를 잡았기 때문이다.

지하철 5호선 광화문 광역도심을 끼고 있는 종로 신문로2-12구역은 용적률 900%를 적용해 242가구의 아파트를 공급할 계획이다. 지하철 5호선이 연결되어 있지만 제대로 정비사업이 되지 않아 여전히 낙후되어 있는 영등포 양평도 13, 14구역이 공공재개발이 되면서 13구역 618가구, 14구역 358가구로 1천 세대 가까운 새 아파트가 공급될 수 있다는 점에서 다행이라 할 수 있다. 원조 골드라인 2호선이지만 낙후된 이미지를 벗지 못하고 있는 봉천도 봉천13구역이 공공재개발이 되면서 향후 357가구가 공급될 예정이다.

지하철 4호선의 강북구 강북5구역은 680가구, 지하철 1호선인 동대문구 용두1-6구역은 919가구, 1호선과 2호선 모두 이용 가능한 동대문구 신설1구역은 279가구 등 이렇게 8구역 총 4,763가구의 새 아파트가 서울에 공급될 계획이다. 또 2021년 3월 공공재개발 2차 후보지 16곳도 발표되었다. 노원구 상계3(예상세대 수 1,785세대), 강동구 천호A1-1(830세대), 동작구 본동(1,004세대), 성동구 금호23(948세대), 종로구 숭인동(410세대), 양천구 신월(2,219세대), 서대문구 홍은1(341세대), 충정로1(259세대), 연희동(1,094세대), 거여새마을(1,329세대), 동대문구 전농9(1,107세대), 중랑구 중화

| 공공재개발 2차 후보지 |

구역명(가칭)	위치	면적(m²)	토지등소유자 수	예상세대 수
상계3	노원구	104,000	1,100	1,785
천호A1-1	강동구	26,548	207	830
본동	동작구	51,696	455	1,004
금호23	성동구	30,706	327	948
숭인동1169	종로구	14,157	124	410
신월7동-2	양천구	90,346	1,599	2,219
홍은1	서대문구	11,466	109	341
충정로1	서대문구	8,075	99	259
연희동721-6	서대문구	49,745	622	1,094
거여새마을	송파구	63,995	691	1,329
전농9	동대문구	44,878	632	1,107
중화122	중랑구	37,662	446	853
성북1	성북구	109,336	1,236	1,826
장위8	성북구	116,402	1,240	2,387
장위9	성북구	85,878	670	2,300
신길1	영등포구	59,379	552	1,510

* 예상세대는 추후 서울시 도시계획위 및 건축위 심의 등을 통해 변경될 수 있으며, 토지등소유자 수는 신청 시 자료 기준으로 일부 상이할 수 있음

(853세대), 성북구 성북1(1,826세대), 장위8(2,387세대), 장위9(2,300세대), 영등포구 신길1(1,510세대) 등 16곳에서 2만 세대 정도의 공급이 전망된다.

이 정도 물량은 언 발에 오줌 누기도 되지 않지만, 재개발사업이 지지부진하던 구역에 공공이 개입해서 빠르게 추진하는 공공재개발이 성공적으로 자리를 잡는다면 서울 새 아파트 공급의 기능뿐만 아니라 낙후된 도심 지역 재생에도 큰 도움이 될 수 있다는 점에서 긍정적으로 평가하고 싶다.

단순 용적률만 120%로 늘려줄 것이 아니라 분양가상한제 제외, 인허가 절차 간소화 등 인센티브를 제공할 계획이다. 물론 정부에서 그냥 용적률만 늘려주지는 않을 것이고 용적률의 20~50% 정도는 공공임대주택으로 환수하고 투기수요 유입을 막기 위해 8곳 모두를 토지거래허가구역으로 지정했다.

공공재개발 사업의 관건은 민간의 협조와 지지다. 조합원 분양분을 제외하고 새로 공급되는 주택 물량의 절반 정도를 공공임대나 수익 공유형 전세 등으로 내놓아야 하는데, 지금이야 사업이 제대로 안 되니 조합원들이 빨리 하자는 의미에서 적극적이지만 막상 손익계산을 해보면 향후 다른 목소리가 나올 수도 있다. 따라서 공공과 민간이 손을 잡고 서로 이익이 될 수 있는 접점을 잘 찾을지가 성공의 키포인트가 될 것이다.

2020년 8·4공급대책에서 5만 가구를 공공 재건축으로 공급하겠다고 했는데 사전컨설팅을 신청한 단지가 7곳밖에 없었고 은마,

잠실5 등 대표단지는 하나도 없었다. 인프라가 잘 갖춰져 있는 부촌의 노후화된 아파트를 철거하고 새로 짓는 재건축사업의 특성상 아파트 단지에 공공임대가 들어온다는 것을 받아들이기 어려웠을 것이다.

공공재개발은 인프라가 부족한 강북 도심권 낙후 지역인데다 사업추진도 지지부진했던 구역들이어서 공공재건축보다는 좀 빠른 속도를 낼 수 있겠지만, 오세훈 서울시장의 규제 완화 정책과 2022년 대통령 선거라는 변수가 있어 장밋빛 기대만 하기는 어려울 것 같다.

공공재개발과 2021년 2·4대책에서 발표한 3080선도사업(도심공공복합사업)이 무슨 차이가 있냐고 궁금해하는 사람들이 많다. 공공재개발은 기존 관리처분방식의 재개발 정비사업에서 조합이 하는 역할을 공공이 하거나 공공이 조합과 힘을 합쳐 용적률을 높이고 인허가 속도를 단축시켜 진행한다고 보면 된다.

반면 3080 공공주도 도심공공복합사업은 토지 소유주들이 소유권을 가지는 재개발과 달리 2/3의 동의를 받은 후 사업 기간 동안 LH 등 공공이 토지를 받아 사업을 진행하는 방식이라고 이해하면 되겠다. 참고로 3080은 서울 30만 호, 지방광역시 80만 호의 상징적인 의미다.

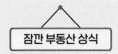

토지거래허가구역 완전 정복

2020년 5월 14일 용산 정비창 부지 인근 지역이 토지거래허가구역으로 지정되었다. 2020년 5월 20일부터 2021년 5월 19일까지 1년간 용산 정비창 부지와 인근 한강로, 이촌2동 일대 재건축·재개발 사업구역 13개소의 주거지역 18㎡ 초과, 사업지역 20㎡ 초과 토지 등은 용산구청장의 허가를 받아야 거래할 수 있다. 또 2021년 흑석2구역 등 서울 8곳에 지정된 공공재개발 시범 지구 역시 투기수요 차단을 위해 토지거래허가구역으로 지정되었다. 이렇듯 토지거래허가구역은 개발사업으로 인한 투기수요 유입을 원천 봉쇄하겠다는 정부의 강력한 의지라 할 수 있다.

허가와 신고, 차이가 클까?

"허가를 받으면 되지, 그게 무슨 규제야."라고 쉽게 생각할 수 있지만 신고와 허가의 개념을 알면 생각이 좀 달라질 것이다. 신고는 가급적 해주겠다는 의미인 반면, 허가는 말이 허가지 실질적으로 허가해주지 않겠다는 의미다. 즉 거래신고는 거래 후 신고만 하면 계약은 유효하고 신고 내용에 문제가 있으면 추가 조사를 하든 조치를 취하게 되는 반면, 거래허가는 거래를 하더라도 허가를 받을 때까지는 유동적 무효 상태가 되고 허가를 받으면 유효, 불허가를 받으면 확정적 무효가 된다.

「부동산 거래신고 등에 관한 법률」 제10조 토지거래허가구역의 지정에 근거하는 규제로 국토교통부장관 또는 시·도지사가 투기적 거래가 성행하거나 지가가 상승되거나 우려되는 지역에 5년 이내의 기간을 정해 토지거래허가구역으로 지정할 수 있다. 지정공고를 하면 5일 후 효력이 발생해 용산 정비창 일대규제는 2020년 5월 14일 발표 후 5일이 지난 5월 20일부터 적용되는 것이다.

허가구역 내 토지에 관한 소유권과 지상권을 이전하거나 설정하는 계약, 즉 유상계약을 체결하려는 당사자는 시장·군수 또는 구청장의 허가를 받아야 한다. 단 유상계약이 아닌 경매로 낙찰받은 경우라면 토지거래허가를 받지 않아도 된다. 허가대상 면적에 대한 기준을 초과하지 않으면 역시 허가대상이 아니다.

토지거래허가구역 지정과 아울러 허가대상 면적을 법령상 기준

구분	용도지역	기준면적 초과	용산 정비창의 경우
도시지역	주거지역	180m²	18m²
	상업지역	200m²	20m²
	공업지역	660m²	66m²
	녹지지역	100m²	9m²
	지정 없는 지역	90m²	
도시지역 외	농지, 임야 이외	250m²	
	농지	50m²	
	임야	1,000m²	

면의 10% 수준으로 조정했다. 「부동산 거래신고 등에 관한 법률」 제9조 제1항 제1호상 기준면적의 10~30% 범위에서 별도 공고가 가능하다는 근거에 따라 최저 기준인 10%로 조정함으로써 용산 지역 18m²(6평 정도)의 작은 땅도 규제를 하겠다는 의미로 이해하면 되겠다.

원래 토지거래허가는 신도시 개발 등 개발예정지 땅값이 투기수요로 들썩이는 것은 막기 위해 일정 면적 초과 토지에 대해 허가를 받도록 하는 규제다. 표에서 보듯이 주거지역은 180m²(55평 정도)를 넘지 않는 토지는 허가대상에서 제외된다.

그런데 용산과 같은 도시지역에는 면적이나 대지지분이 작은 주택들이 많아 종전의 기준을 그대로 적용하면 그물의 구멍이 커서

물고기들이 다 빠져나갈 것이 뻔하기에 기준주택면적을 1/10 수준으로 낮춰버렸다. 주택거래허가제를 도입하면 반자본주의, 사유재산 침해 논란이 생길 것을 우려해 변형된 토지거래허가제로 효과만 보겠다는 의도인 것 같다.

실수요자에게 불리하지 않을까?

허가신청을 할 때는 거래 당사자와 토지의 상세정보뿐만 아니라 계약예정금액, 토지이용에 관한 계획, 자금조달계획을 첨부해야 한다. 허가신청을 받은 시·군·구는 15일 이내 신청인에게 허가증을 교부하거나 불허가처분을 해야 하며, 불허가처분에 이의가 있으면 1개월 이내 이의신청을 할 수 있다.

토지거래허가구역으로 지정되면서 억울하게 팔지 못하는 실수요자 보호를 위해 매수청구제도라는 것이 있다. 불허가처분 통지를 받은 날로부터 1개월 이내에 시장·군수 또는 구청장에게 해당 토지에 관한 권리의 매수를 청구할 수 있다.

이렇게 매수청구를 받은 시장·군수 또는 구청장은 국가, 지자체, 공공기간, 공공단체 중 매수할 자를 지정해 매수해야 한다. 당연히 이는 시세가 아닌 예산 범위에서 공시지가 기준으로 매수한다.

또 국가나 지방자치단체 등 공공기관이나 공공단체가 필요한 땅이라 판단되면 국가가 먼저 토지매수를 제안하는 선매(先買)제도라

는 것도 있다. 나라가 사준다고 하니 고마울 수도 있지만 이 역시
도 시세가 아닌 감정가격을 기준으로 한다.

허가되면 끝일까?

이렇게 해서 끝나면 좋은데 토지거래허가구역으로 지정되면 토지
취득일로부터 특정 기간 동안 허가목적대로 이용해야 하고 이행되
지 않으면 이행강제금을 부과한다. 거주용 주택용지로 이용, 주민
의 복지시설, 편익시설, 농업·축산업·임업·어업 경영, 공익사업용
으로 협의 양도, 수용 등의 이용이라면 토지취득일로부터 2년 내
허가목적대로 이용해야 한다.

공익 등 사업을 시행하기 위한 경우라면 4년, 개발·이용이 제
한되거나 금지된 토지의 현상, 보존의 목적으로 취득한 토지 등
은 5년의 이용 기간을 준다. 이용 기간을 어기면 토지취득가액의
10%, 당초 목적대로 이용하지 않고 방치하면 10%, 직접 이용하지
않고 임대를 주면 7년, 이용 목적을 변경해 사용하면 5%의 이행강
제금이 부과된다.

또 허가를 받지 않고 토지거래계약을 하거나 거짓, 부정한 방법
으로 토지거래허가를 받은 경우에는 2년 이하의 징역이나 토지가
격의 30%에 해당하는 벌금을 내야 하며 토지거래허가구역 내에서
허가취소·처분·조치명령 위반은 1년 이하의 징역 또는 1천만 원

이하 벌금에 처해진다.

　또 실제 거래가격을 거짓으로 신고하거나 계약하지 않았음에도 했다고 거짓 신고, 계약 해제가 되었음에도 해제 신고를 하지 않으면 3천만 원 이하의 과태료를 부과한다. 당사자에게는 무서운 벌이지만 토지거래허가 위반 사실을 알게 된 제3자가 이를 신고하면 2개월 내 포상금을 주도록 되어 있다. 실제 거래가격을 거짓으로 신고하거나 계약하지 않았음에도 했다고 거짓 신고, 계약해제가 되었음에도 해제 신고를 안한 경우를 신고하면 과태료 금액의 20%의 포상금을, 허가를 받지 않고 토지거래계약을 체결하거나 부정한 방법으로 허가를 받는 경우, 허가받은 목적대로 이용하지 않는 경우 신고하면 50만 원의 포상금을 준다.

　토지거래허가는 무서운 규제다. 토지거래허가구역에서는 허가 요건도 까다롭고 허가해주어도 특정 기간 동안 허가대로 이용해야 하며 이행강제금과 행정형벌(징역·벌금), 행정질서벌(과태료) 등 무시무시한 벌도 준다.

　그리고 토지거래허가구역은 민법의 법률행위 효력요건으로 계약 후 불허가처분이 나면 그 계약은 무효가 된다. 또 계약한 상대방이 등기를 하지 않고 다시 제3자에게 거래를 하는 미등기전매인 중간생략등기의 경우 「부동산등기 특별조치법」에 따른 계약이라면 과태료만 받지 계약 자체가 무효되지는 않지만, 토지거래허가구역이라면 무효가 되어버린다. 이렇듯 무섭고 강한 규제가 토지거래허가구역이다.

2장

재개발사업 절차 들여다보기

한눈에 보는
재개발사업 진행절차

"조합원들의 땅을 가지고 조합에서 아파트를 짓는데 뭐가 문제겠어. 간단하고 쉽지 않을까?" 이렇게 생각하면 큰 오산이다. 조합장 비리나 조합원들 간의 다툼으로 재개발사업이라는 배가 산으로 가는 경우가 다반사고, 심한 경우 재개발사업이 무산되기도 한다. 이런 분쟁이 없거나 분쟁을 극복하더라도 재개발사업 진행 단계가 복잡해서 추진하고 10년 이상의 시간이 소요되는 것이 일반적이다.

지금은 3,850세대의 대단지 아파트로 거듭난 안양시 평촌어바인퍼스트는 안양 호원 재개발사업으로 개발된 아파트다. 대략

2003년경 정비사업을 추진한다는 현수막이 붙어 있었던 기억이 나는데, 15년이 지나 착공에 들어가 18년이 지난 지금에야 완공되되었으니 재개발사업이 얼마나 오래 걸렸는지 짐작할 수 있다.

어바인퍼스트라는 결과물만 보면 돈 쉽게 번 것 같고 재개발사업이 금방 이루어진 것 같지만, 20년 가까운 긴 시간 동안 조합원들은 마음고생을 한 셈이다. 그래도 어바인퍼스트처럼 재개발사업이 마무리된 정비사업은 그나마 다행이지만 2003년 11월 2차 뉴타운으로 지정된 용산 한남뉴타운을 보자. 서울 최대 재개발사업으로 주목받고 있지만 5개 구역 중 3구역은 사업시행계획인가를 받으면서 그나마 속도를 내고 있고 나머지 구역들은 여전히 지지부진하며 1구역은 아예 구역 지정이 해제되었다.

이렇게 재개발사업은 긴 시간과 싸워야 하는 고독하고 괴로운 전쟁과 같은 투자다. 하지만 긴 기다림 끝에 사업이 진행 단계를 밟아 올라가면서 속도를 낼수록 투자수익이 발생하는 매력적인 사업이기도 하다.

재개발사업 진행절차 알아보기

재개발사업의 첫걸음인 재개발사업 진행절차에 대해 「도시 및 주거환경정비법」(이하 「도정법」)에 근거해 알아보도록 하겠다.

가장 먼저 도시·주거환경정비 기본방침을 국토교통부장관이 세

| 재개발사업 진행절차 |

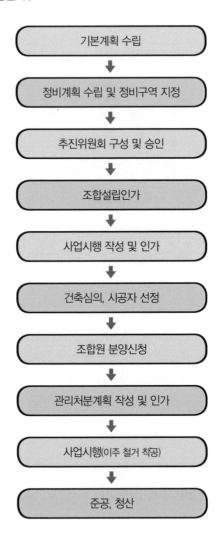

기본계획 수립

정비계획 수립 및 정비구역 지정

추진위원회 구성 및 승인

조합설립인가

사업시행 작성 및 인가

건축심의, 시공자 선정

조합원 분양신청

관리처분계획 작성 및 인가

사업시행(이주 철거 착공)

준공, 청산

운다. 그 후 지방자치단체장(서울시의 경우 서울시장)은 이 방침에 적합한 범위에서 도시·주거환경정비 기본계획을 수립하고 확정 또는 승인을 받는다. 재건축사업의 경우 안전진단을 받아야 하지만 재개발사업의 경우 안전진단은 필요 없다. 특별시·광역시·대도시 시장(인구 50만 명 이상)들은 정비기본계획을 수립하고, 시장·군수·구청장이 정비계획을 입안 후 구역 지정을 시·도지사에게 신청하면 지방(시)도시계획위원회 심의를 거쳐 최종적으로 정비구역을 지정 고시한다.

이러한 과정을 거쳐서 정비구역까지 지정되면 추진위원회가 구성되어 정비사업의 시동을 걸게 된다. 추진위원회에서 개략적인 정비사업 계획과 조합설립인가 준비 작업을 하고 조합이 구성되어 조합설립인가가 나면 큰 산 하나를 넘은 것이다.

보통 정비구역 지정까지는 지방자치단체에서 일을 하니 큰 이슈는 없다. 하지만 추진위원회 구성부터 토지 등 소유자의 동의를 얻어 진행되는데, 전 재산이나 다름없는 주택을 철거하고 일반적으로 추가 비용을 내서 새 아파트를 짓는 사업이다 보니 주민들 간에 다툼이 끊이질 않아 시간이 하염없이 지나간다. 요즘이야 이런 일이 거의 없어졌지만 과거에는 동의서를 받기 위해 조직폭력배를 동원했다는 뉴스가 나오기도 했다. 바로 이런 추진위원회나 조합 설립 과정에서 발생하는 문제로 그만큼 말도 많고 탈도 많았다는 반증이기도 하다.

조합설립인가가 되면 시장·군수·구청장이 사업을 해도 좋다고 허락하는 사업시행계획인가를 받아야 한다. 여기서부터는 조합의 능력이 정말 중요하다. 조합장과 임원들, 조합원들이 힘을 합쳐 일사천리로 진행하면 몇 년 안에 사업시행계획인가를 받지만, 갈등이 생기면 10년이 지나도 사업에 속도를 내지 못하는 경우가 허다하다.

사업시행계획인가를 받으면 재개발사업이라는 산의 정상에 올랐다고 해도 과언이 아니다. 큰 위기는 대부분 지나갔고 공사를 할 시공자를 선정하고, 분양계획을 세워 조합원들에게 분양신청을 받고, 분양계획을 담은 관리처분계획을 수립해 인가를 받으면 드디어 9부 능선을 넘게 된다.

관리처분계획인가까지 났다면 해당 재개발사업은 마무리 단계로 접어들었다고 봐야 한다. 공사가 진행되어 마무리되면 준공인가를 받고 소유권이전고시 및 이전등기를 하면 재개발사업의 대장정은 끝이 난다.

대부분 사람들은 사업시행계획인가나 관리처분계획인가 단계부터 관심을 가지기 때문에 몇 년 정도만 기다리면 사업이 되는 줄 알지만, 기본계획수립부터 준공까지 아무리 빨라도 10년 이상 걸리고 20년 이상 걸리는 경우도 다반사다. 그래서 재개발사업은 시간과의 싸움이고 기다림의 미학이 필요하다. 물론 기다림의 끝에 달콤한 투자수익의 열매를 먹으려면 입지와 사업성이 뒷받침되는, 썩지 않은 튼튼한 뿌리를 가진 좋은 재개발사업 나무를 선택하는 것이 중요하다.

기본계획 수립부터
정비구역 지정까지

■ 도시 및 주거환경정비 기본방침 및 기본계획

재개발사업의 첫걸음인 기본방침 및 기본계획부터 살펴보도록 하자. 국토교통부장관은 도시 및 주거환경을 개선하기 위해 10년마다 기본계획의 수립 방향과 노후·불량 주거지 조사 및 개선계획 수립, 재정지원계획 등을 담은 기본방침을 정하고 5년마다 타당성 검토를 한다.

방침이 정해지면 특별시장·광역시장·시장은 관할 구역에 대해 주민공람, 지방의회 의견청취, 지방도시계획위원회 심의를 거쳐 주거환경정비 기본계획(이하 기본계획)을 수립하고 확정하며 5년마다 타당성 검토도 해야 한다. 인구 50만 명 이상 도시의 시장, 예를 들어 수원시장이 수립했다면 수원시장이 확정하면 되지만 50만 명 미만인 포천시장이 수립했다면 경기도지사의 승인을 받아야 한다.

기본계획에는 정비사업의 방향과 계획기간, 기반시설 등 현황과 교통계획, 주민문화시설 설치계획, 정비구역으로 지정할 예정구역의 범위와 성격, 단계별 정비사업 추진계획, 건폐율·용적률 등 건축물의 밀도계획, 세입자의 주거안정대책 등이 포함된다. 기본계획은 지방자치단체에서 도시의 주거환경정비를 위한 가이드를 세운 것으로, 아직 연애도 못 해본 사람이 '결혼하면 이렇게 살아야지.'라면서 먼 미래의 계획을 세우는 것과 비슷하다. 정비사업을 하려면 먼저 정비기본계획이 수립되어야 하고, 그 수립된 범위 내에서 정비계획 수립과 정비구역 지정을 받을 수 있다.

❷ 정비계획 입안 및 정비구역 지정

기본계획이 세워지면 정비계획을 수립한다. 재건축사업의 경우에는 정비계획 수립 전 안전진단을 받아야 하지만 재개발사업의 경우 안전진단은 필요 없다.

특별시장·광역시장·시장·군수·구청장은 주민설명회, 주민공람, 지방의회 의견청취를 한 후 정비계획을 입안해 지방도시계획위원회 심의를 거쳐 정비구역을 지정 고시한다. 예를 들어 마포구청장과 같은 구청장이 입안했다면 서울시에 정비구역 지정신청을 하고 서울시장이 지정한다.

정비계획에는 정비사업 명칭과 면적, 기반시설 및 공공이용시설 설치계획, 건축물의 용도·건폐율·용적률·높이 계획, 환경보전 및 교육환경 계획, 세입자 주거대책, 정비사업시행 예정시기, 임대주택계획 등의 내용이 포함된다. 정비구역이 지정되었다면 연애 전 마음에 드는 사람이 생긴 단계라 이해하면 되겠다.

정비구역으로 지정되면 지구단위구역 및 지구단위계획을 받은 것으로 본다. 지구단위계획이란 토지 이용을 합리화하고 기능을 증진시키며 미관을 개선하고 양호한 환경을 만들기 위해 일부 지역을 체계적·계획적으로 관리하고자 수립하는 도시·군관리계획(국토의 계획 및 이용에 관한 법률에 포함)이다. 추가로 지구단위계획구역과 계획을 받으려면 시간이 더 필요하기에 빠른 사업추진을 위해 정비구역 지정이 되면 지구단위구역 및 계획은 받은 것으로 의제해주는 것이다.

정비구역으로 지정되었다는 것은 앞으로 재개발사업을 진행할 수 있다는 의미다. 노후화가 심해서 재개발사업을 하려고 하는데 건물을 신축한다는 것은 당연히 문제가 된다. 따라서 정비구역으로 지정되면 개발 행위에 대한 제한이 따른다. 정비구역에서 건축물의 건축이나 공작물의 설치, 토지의 형질 변경이나 토지의 분할, 물건 쌓아놓는 행위, 죽목의 벌채 및 식재 행위는 시장·군수 등의 허가를 받아야 한다. 다시 말해 특별한 사유가 아닌 이상 어지간하면 허가를 해주지 않겠다는 의미다. 도시지역 내 재개발 구역에서는 토지의 형질 변경, 토석의 채취 등은 별로 해당 사항이 없고 건축물의 건축 또는 용도 변경, 담·동상·육교 같은 공작물 설치 등은 제한이 될 수 있다.

③ 정비구역 해제

재개발사업이 지나치게 지연되는 것을 막기 위해 「도정법」에서는 다음의 사유에 해당되면 정비구역을 해제하도록 하고 있다.

- 토지 등 소유자(정비구역에 위치한 토지 또는 건축물 소유자 또는 지상권자)가 정비구역으로 지정 고시된 날부터 2년이 되는 날까지 조합설립추진위원회의 승인을 신청하지 아니하는 경우
- 추진위원회가 추진위원회 승인일부터 2년이 되는 날까지 조합설립인가를 신청하지 아니하는 경우
- 조합이 조합설립인가를 받은 날부터 3년이 되는 날까지 사업시행계획인가를 신청하지 아니하는 경우

정비구역 지정 → 2년 ✕ → 추진위원회 → 2년 ✕ →

조합설립 → 3년 ✕ → 사업시행계획인가

시장·군수·구청장 등이 정비구역을 해제하거나 해제 요청을 받은 경우에는 30일 이상 주민에게 공람해야 하고 주민은 60일 이내에 의견을 제시해야 한다. 그리고 지방의회 의견청취와 도시계획위원회 심의를 거쳐 정비구역을 해제한다. 물론 연장 요청이 있거나 정비구역의 존치(그대로 두는 것)가 필요하다고 인정하는 경우에는 2년의 범위 내에서 연장해 해제하지 않을 수 있다. 또 추진위원회 구성 전에는 토지 등 소유자의 30% 이상, 추진위원회가 구성되거나 조합이 설립된 구역은 토지 등 소유자의 과반수 동의로 정비구역의 해제 요청을 하는 경우 등의 사유가 있을 시에는 정비구역의 지정권자(특별시장·광역시장·시장 등)는 직권으로 해제할 수 있다.

재개발사업 초기 단계에 진입하려는 투자자라면 정비기본계획 수립 유무를 잘 확인해야 한다. 기본계획 수립 후 정비구역 지정 전 권리산정기준일을 기준으로 조합원 숫자를 늘리는 지분 쪼개기는 불가하다. 분양자격이 박탈되며 현금청산 대상이 되기 때문에 권리산정기준일을 확인한 후 투자해야 한다. 참고로 2010년 7월 16일 이전 정비기본계획이 수립된 곳에는 최초 조례시행일인 2003년 12월 30일이 기준일이 되며 2010년 7월 16일 이후 정비기본계획이 수립되면 권리산정기준일이 기준일이 된다.

권리산정기준일이란 주택 등 건축물의 분양을 받을 권리를 산정하기 위한 기준일로서, 정비구역 지정 고시가 있는 날 또는 시장이 투기를 억제하기 위해 기본계획 수립 후 정비구역 지정 고시 전에 따로 정하는 날을 말한다.

조합설립 추진위원회부터
조합설립까지

정비구역이 지정되었다면 이제 본격적인 정비사업이 시작된다. 주
거환경이 매우 열악한 주거환경정비사업의 경우에는 4가지 시행
방법이 있다. 사업시행자가 정비구역에서 정비기반시설 및 공동이
용시설을 새로 설치하거나 확대하고 토지 등 소유자(토지 또는 건축
물 소유자 또는 지상권자)가 스스로 주택을 보전·정비하거나 개량하는
자력개량방법, 사업시행자가 정비구역의 전부 또는 일부를 수용하
여 주택을 건설한 후 토지등소유자에게 우선 공급하거나 대지를
토지등소유자 또는 토지등소유자 외의 자에게 공급하는 수용방법,
사업시행자가 토지소유자의 동의하에 기존 토지의 권리를 개발 후

토지에 재분배하는 환지방법, 사업시행자가 정비구역에서 인가받은 관리처분계획에 따라 주택 및 부대시설·복리시설을 건설하여 공급하는 관리처분방법이다.

반면 재개발사업은 환지방법과 관리처분방법만 있으며, 그중에서도 관리처분방법이 가장 보편화되어 있다. 이는 114쪽(관리처분계획인가에서 이전등기까지 마무리)에서 상세히 설명하도록 하겠다.

재개발사업을 하는 주체인 사업시행자는 누구나 한 번쯤은 들어본 조합이 대표적이며 토지 등 소유자가 20인 미만인 경우에는 토지 등 소유자가 사업시행자가 될 수도 있다. 바로 조합을 만들어서 일사천리로 달려가면 좋겠지만 현실은 그렇지 않다. 조합설립 추진위원회부터 만들어 정관작성 및 설립동의를 받은 후 조합설립인가를 받아 조합을 설립한다.

조합설립 추진위원회 → 정관작성 및 설립동의 → 조합설립

1 조합설립 추진위원회

정비구역이 지정되면 토지 등 소유자의 과반수 동의를 받아 조합설립을 위한 추진위원회를 구성한다. 시장·군수·구청장의 승인을 받으면 추진위원장 포함 5명 이상 위원으로 조합설립 추진위원회가 공식적으로 설립된다.

추진위원회는 정비사업 전문관리업자 선정, 설계자 선정, 개략적인 정비사업 시행계획서 작성, 조합설립인가를 받기 위한 준비업무(동의서 받기), 추진위원회 운영규정 작성, 조합정관 초안 작성, 조합설립을 위한 창립총회 개최 등의 많은 일을 한다. 추진위원회가 구성되었다면 연애 전 짝사랑에서 서로 호감을 가진 단계까지 발전했다고 보면 된다.

2 조합설립

재개발 조합설립은 추진위원회보다 조금 더 어렵고 복잡하다. 토지 등 소유자의 3/4 이상 및 토지 면적의 1/2 이상 토지소유자의 동의를 받아 정관, 정비사업비 관련 자료 등의 서류를 첨부해 시장·구청장 등의 인가를 받아야 한다. 참고로 재건축사업의 경우에는 동별 구분소유자의 과반수 동의와 전체 구분소유자의 3/4 이상 및 면적 3/4 이상 동의를 받아야 한다.

조합은 법인이기에 조합설립인가를 받은 날로부터 30일 이내 등기를 해야 하며, '정비사업조합'이라는 명칭을 사용해야 한다.

조합
조합은 총회를 소집해 자금의 차입, 정비사업비 세부 항목별 사용계획이 포함된 예산, 시공자·설계자 선정 및 변경, 정비사업비의 조합원별 분담 내역, 사업시행계획서 작성 및 변경, 관리처분계획 수립 및 변경, 청산금 징수 및 지급 등 재개발사업에 필요한 전반적인 일을 진행하게 된다.

조합원

재개발사업은 조합설립에 동의 여부를 불문하고 토지 등 소유자면 조합원이 된다. 조합설립에 동의하지 않으면 청산대상이 되는 재건축사업보다는 주민들에게 보다 넓은 선택의 기회를 주고 있다(재건축사업은 조합설립에 동의한 자에 한해 조합원 자격이 주어지며 동의하지 않은 자는 청산대상이다). 토지의 소유권이 여러 사람의 공유로 되어 있다면 1인을 조합원으로 본다.

재개발 조합원 자격을 사고파는 조합원 지위양도를 자유롭게 해주면 참 좋겠지만 투기수요를 억제하기 위해 관리처분계획인가 후부터는 거래가 제한된다. 그래도 조합설립인가 후부터 거래하지 못하는 재건축보다는 완화된 규제가 적용됨을 알 수 있다.

조합장과 임원

조합은 조합장 1명과 이사 3명 이상(조합원 수 100명 초과 시 5명 이상), 감사 1명(3명 이하)을 임원으로 둔다. 당연한 말이지만 미성년자나 파산 선고를 받고 복권되지 아니한 자, 금고 이상 실형을 선고받고 2년이 경과되지 아니한 자 등은 조합의 임원이 될 수 없으며, 「도정법」을 위반해 벌금 100만 원 이상의 형을 선고받고 10년이 지나지 않은 자도 임원이 될 수 없다. "조합장만 하면 큰돈을 번다." "정비사업 완료 후 감방 가는 것은 순서다."등 많은 비리의 온상이 되다 보니 이렇게 규제가 늘어난 것이다.

조합장 포함 조합의 임원은 임원 선임 직전 3년 동안 정비구역 내 거주기간이 1년 이상 되거나 정비구역 내 건축물 또는 토지를 5년 이상 소유하고 있어야 한다. 여기에 추가로 조합장은 관리처분계획인가를 받을 때까지 해당 정비구역에 거주해야 한다.

조합장 포함 임원들이 일을 제대로 못한다면 어떻게 해야 할까? 조합원 1/10 이상의 요구로 소집된 총회에서 조합원 과반수의 출석과 출석 조합원 과반수 동의를 받아 해임할 수 있다.

대의원

대의원도 간단하게 알아보자. 조합원 수가 많으면 소집하기도 어렵고 의견도 분분해 사업이 제대로 진행되지 않을 수 있다. 이런 이유로 조합원 수가 100명 이상이 되면 대의원을 두어야 한다. 조합원의 1/10 이상을 대의원으로 구성하기에 재개발사업의 속도를 높일 수 있다.

❸ 건축심의 및 시공자 선정

조합설립인가를 받았다면 건설업자인 시공자를 선정할 차례다. 토지 등 소유자가 시행한다면 사업시행계획인가를 받은 후 시공자를 선정하지만, 조합방식에서는 조합설립인가를 받은 후 선정하게 된다. 비리를 막기 위해 조합총회에서 경쟁입찰 방법으로 건설업자를 시공자로 선정하며 2회 이상 유찰되면 수의계약이 가능하다.

재개발사업 활성화를 위해 시공자 선정 시기를 종전 사업시행계획인가 이후에서 조합설립 이후로 변경해 사업 기간을 1~2년 이상 앞당길 수 있도록 한 「도정법」과 달리, 서울시는 과열을 우려해 건축심의 이후 시공자를 선정하도록 하고 있다. 참고로 조합설립 이후 사업시행계획인가를 받기 전 각 지방자치단체의 도시계획위원회 건축심의를 받도록 되어 있다.

조합이 설립되고 시공자까지 선정되면 재개발 사업이 본 궤도로 올라가는 것이다. 사업무산에 대한 위험은 크게 줄어들면서 투자 수요가 본격적으로 유입되고 그만큼 가치 상승도 동반된다. 이렇게 조합설립까지 완료되었으면 서로 마음을 확인하고 연인으로 관계가 발전한 것이라 이해하면 되겠다.

재개발사업의 건설계획이 담긴
사업시행계획과 분양신청

조합설립 후 시공자 선정까지 마쳤다면 사업시행계획을 작성하고 인가를 받기 위해 뛰어야 한다. 재개발사업은 20인 미만인 경우 토지 등 소유자(이하 조합원)가 시행할 수는 있으나 일반적으로는 조합이 시행하거나 조합원의 과반수 동의를 받아 토지주택공사(LH)나 건설업자와 공동으로 시행하기도 한다.

여기에서는 가장 보편적인 조합이 시행하는 경우를 가정해 설명하도록 하겠다.

1 사업시행계획인가

사업시행자(이하 조합)는 정비계획에 따라 아래의 내용이 포함된 사업시행계획서를 작성해야 한다.

① 토지이용계획(건축물배치계획 포함)

② 정비기반시설 및 공동이용시설 설치계획

③ 주민이주대책(임시 거주시설 포함)

④ 세입자 주거 및 이주대책

⑤ 사업시행기간 동안 정비구역 내 범죄예방대책(가로등, CCTV 등)

⑥ 임대주택 건설계획

⑦ 소형주택 건설계획

⑧ 공공지원 민간임대주택 건설계획(필요한 경우)

⑨ 건축물 높이, 용적률 등에 관한 건축계획

⑩ 정비사업의 시행과정에서 발생하는 폐기물 처리계획

⑪ 교육시설의 교육환경 보호계획(정비구역에서 200m 이내 교육시설이 설치되어 있는 경우)

⑫ 정비사업비

이렇게 사업시행계획서가 작성되면 조합은 총회 의결을 거쳐 시장·구청장 등에게 사업시행계획인가를 받아야 한다. 사업시행계획인가 신청을 받은 시장·구청장 등은 사업시행계획서를 제출받은 날부터 60일 이내 인가 여부를 조합에 통보한다.

정비구역으로부터 200m 이내에 교육시설이 설치되어 있으면 교육감도 협의해야 한다. 어렵게 인가를 받은 사업시행계획의 내용을 변경하거나 정비사업을 중지 또는 폐지하는 경우에도 시장·구청장 등에게 인가를 받아야 한다. 물론 건축물이 아닌 부대시설 등의 설치 규모를 확대하거나 대지면적을 10% 범위 내에서 변경, 내장 외장재료 변경 등 경미한 사항을 변경하면 굳이 인가를 받지 않고 신고만 해도 된다.

사업시행계획인가는 재개발조합이 진행하는 일체의 사업 내용을 최종적으로 확정하고 승인하는 절차다. 따라서 사업시행계획인가까지 받았다면 서로 마음을 확인한 연인의 사랑이 더 깊어져서 양가 부모님께 허락을 받는 단계로 발전했다고 이해하면 되겠다.

사업시행계획인가가 완료되면 건립세대 수와 예상 면적 배정, 추가부담금이 예측 가능하기 때문에 투자 위험이 많이 사라진 상황이다. 그동안 불안해서 눈치를 보는 투자자들이 움직이면서 투자수요가 많이 유입이 되는 시기이기도 하다.

2 분양신청

이렇게 사업시행계획인가가 완료되면 120일 이내 부담금 내역 및 분양신청 기간 등을 조합원들에게 통지하고 일간신문에도 공고한다. 조합원 분양 관련 내용을 통지받은 조합원들은 통지한 날부터 30일 이상 60일 이내 조합에 분양신청을 해야 한다. 30~60일의 분양신청 기간이 조합원 개인의 사정에 따라 짧다고 할 수도 있는지라 20일 범위에서 한차례 연장도 가능하다.

참고로 투기과열지구 내 재개발 조합원 분양(일반분양 포함)에 당첨된 세대에 속한 사람은 향후 5년간 투기과열지구 내의 재개발 조합원 재당첨이 제한된다. 주택시장 과열로 인해 이런 규제들이 생긴 것인데, 상속·결혼·이혼 등의 투기가 아닌 예외적인 상황에서는 분양신청이 가능하다. 재개발 재당첨 제한과 관련된 내용은 119쪽(재개발사업에 적용되는 2가지 규제)에서 다시 상세히 설명하도록 하겠다.

만약 재개발 조합원이 분양신청을 하지 않으면 어떻게 될까? 조합은 관리처분계획인가 고시된 다음 날부터 90일 이내에 분양신청을 하지 아니한 자, 분양신청 기간 종료 이전에 분양신청을 철회한 자, 분양대상에서 제외된 자 등과 토지·건축물 등의 손실보상에 관한 협의를 해야 한다. 협의가 잘 안 되면 협의 기간 만료 다음 날부터 60일 이내에 수용재결을 신청한다. 쉽게 말해서 현금청산을 할 때 조합과 조합원 간 청산금액에 대해 이견이 클 경우 조합에서 지방토지위원회 재결을 신청해서 수용재결로 넘어간다. 서울과 같이 새 아파트 희소성이 높은 지역의 재개발사업이라면, 조합원 자격에 문제가 없다면 분양신청을 제대로 하는 것이 당연히 유리하다.

관리처분계획인가에서 이전등기까지 마무리

1 관리처분계획

관리처분계획이란 재개발사업 시행으로 조성된 대지 및 건축물에 대한 사업완료 후의 분양처분을 미리 정하는 분양과 권리에 관한 계획이다. 사업시행계획인가로 재개발사업에 대한 전체적인 승인을 받았다면 관리처분계획과 분양 관련 계획으로 아파트 배정 면적과 조합원 분담금이 얼마인지, 언제 내야 하는지, 일반분양은 어떻게 할지 결정된다.

조합은 분양신청 기간이 종료되면 분양신청 현황을 근거로 다음 내용을 포함한 관리처분계획을 수립한다.

① 분양설계
② 분양대상자의 주소 및 성명
③ 분양대상자 별 분양예정 대지 또는 건축물 추산 액
④ 일반 분양, 임대주택 등 보류지 명세와 추산 액, 처분방법
⑤ 분양대상자 별 종전 토지, 건축물 명세와 가격(사업시행계획인가 기준)
⑥ 정비사업비 추산 액 및 조합원 분담규모와 분담시기
⑦ 분양대상자의 종전 토지 및 건축물에 관한 소유권 외 권리명세
⑧ 세입자 별 손실보상을 위한 권리명세 및 평가액

지나치게 좁거나 넓은 토지나 건축물은 넓히거나 좁혀 적정 규모가 되도록 하며, 너무 좁거나 정비사업 지정 후 분할된 토지를 취득한 자는 현금청산 대상이 될 수도 있다.

1세대 또는 1명이 하나 이상의 주택 또는 토지를 소유한 경우에는 1주택 공급이 원칙이며, 같은 세대에 속하지 아니하는 2명 이상이 1주택 또는 1토지를 공유한 경우에도 1주택만 공급한다. 조합원 주택배정에 대해서는 26쪽(계약 전 재개발 입주권 분양자격을 확인하라)에 상세히 설명했다.

이렇게 관리처분계획이 작성되면 30일 이상 공람을 거쳐 시장·구청장 등의 인가를 받아야 하며, 관리처분계획을 변경·중지·폐지하는 경우에도 인가를 받아야 한다. 시장·구청장 등은 관리처

분계획을 신청한 날부터 30일 이내 인가여부를 결정해 조합에 통보해야 한다.

관리처분계획인가까지 완료되었다면 큰 산은 다 넘었다. 사업시행계획인가로 양가 부모님께 결혼 허락을 받은 예비부부가 되었다면 관리처분계획인가로 결혼 날짜와 예식장까지 예약한 셈이다.

더 이상 재개발사업의 위험은 사라지고 이주·철거·착공이 들어가기 때문에 실입주를 원하는 투자자들이 많이 유입된다. 배정된 동·호수가 마음에 들지 않거나 추가분담금이 부담되는 조합원의 물건이 급매물로 나오기도 한다.

2 사업시행(이주·철거·착공)

재개발조합은 공사 기간 동안 조합원들의 주거 문제를 해결할 수 있도록 임시 수용시설을 짓거나 주택임대자금을 융자하는 등 이주비를 지원해야 한다. 하지만 이주비는 재개발 사업비용에서 충당하기 때문에 결국 조합원들이 부담해야 하는 비용이므로 그 비용이 크다고 마냥 좋아할 일만은 아니다. 조삼모사다.

그래도 투자자 입장에서는 이주비 덕분에 초기 투자금액 부담을 줄일 수 있다. 특히 요즘같이 대출규제가 심한 상황에서 이주비 대출은 실보다는 득이 많은 것이 사실이다. 재건축과 달리 재개발에서 세입자는 자격이 되면 주거대책비 또는 임대아파트 지원이 가능하다. 아무튼 투자자금이 적게 들어갈수록 입주권을 매매할 때 유리하기 때문에 이주비는 받을 수 있는 만큼 받아두는 것이 좋다.

종전에는 관리처분 전에 조합원들의 이주와 철거를 시작하는 경우도 있었다. 하지만 관리처분이 지연될 시 임시주거비 증가와 시공사의 무리한 추가부담금 제시 등의 문제점이 있어서 「도정법」에서는 관리처분계획인가 이전에 철거를 금지하고 있다.

이주가 마무리되면 철거와 착공에 들어가게 되고 잔여분에 대해서는 일반분양을 한다. 조합원이 아닌 일반인들이 청약통장을 통해 청약할 수 있는 일반분양은 조합원들이 먼저 좋은 동과 층을 선점하고 남은 물량에 대해 분양을 한다. 그렇기 때문에 저층물량이 많고 조합원들의 이익을 극대화하기 위해 일반분양 분양가를 최대한 높이는 경향이 있다. 그럼에도 재개발 일반분양이 매력적인 이유는 도시 중심 좋은 입지에 위치해 있기 때문이다.

3 준공 및 청산

공사가 완료되면 마지막 절차로서, 조합은 사업시행계획 내용대로 건축되었는지 시장·구청장 등의 준공인가를 받아야 한다. 사업시행계획대로 완료되었다면 준공인가를 하고 이를 해당 지방자치단체의 공보에 고시한다.

조합은 공사가 완료되면 지체 없이 대지확정 측량을 하고 토지 분할 절차를 거쳐 관리처분계획에서 정한 사항을 분양받을 자에게 통지한 다음 대지 또는 건축물의 소유권을 이전해야 한다. 소유권 이전고시 다음 날 드디어 조합원들은 새 아파트의 소유권을 취득하게 된다.

조합은 종전에 소유한 토지 또는 건축물의 가격과 분양 받은 대지 또는 건축시설의 가격의 차이가 있는 경우 이전고시 후 그 차액에 상당하는 청산금을 지급하거나 징수하게 되는데 이를 청산이라 한다. 한마디로 받을 돈 받고 줄 돈 주면서 땡 치는 것이다.

청산금을 지급받거나 징수할 권리는 소유권이전고시일 다음 날부터 5년이 지나면 소멸하기에, 그럴 리는 없겠지만 받을 청산금이 있다면 5년이 지나기 전 받아야 할 것이다. 또 정비사업을 시행하는 지역 안에 조합원이 소유한 토지 또는 건축물에 저당권을 설정한 권리자는 저당권이 설정된 토지 또는 건축물의 소유자가 지급받을 청산금에 대하여 청산금을 지급하기 전에 압류절차를 거쳐 저당권을 행사할 수 있다. 이를 물상대위(物上代位)라고 한다. 만약 물상대위를 행사하지 않으면 저당권을 설정한 부동산이 철거되어 저당권이 소멸되면서 돈을 받을 수 없게 된다.

이렇게 청산이 완료되고 소유권이전등기를 하고 나면 재개발사업은 완전히 마무리되고 조합은 해산한다.

재개발사업에 적용되는
2가지 규제

부동산투자에 위험이 안 따를 수는 없다. 시장상황에 따른 시장의 위험, 부채나 환금성에 따른 금융적 위험, 법을 둘러싼 환경변화에 따른 법적 위험 등이다. 부동산은 규제 덩어리라 대출, 세금뿐만 아니라 재개발을 포함한 정비사업에도 여러 규제들이 적용된다. 재개발 규제는 대표적인 법적 위험이다.

불법을 저지르지 않고 정상적인 거래를 했음에도 규제에 따라 분양자격이 주어지지 않을 수 있고, 조합원 분양 당첨이 제한되기도 하며, 입주권인 조합원 분양권을 팔지 못하는 경우가 발생하기도 한다. 특히 계약 당시에는 괜찮았는데 시간이 지나 부동산시장이 과열되면서 규제지역으로 묶여 규제대상이 되는 경우도 흔히 발생한다. 특히 재개발 등 정비구역에서는 이런 법적 위험이 더 크다. 이런 법적 위험을 피하기 위해서는 먼저 재개발 정비사업에 어떤 규제들이 적용되는지 알아봐야 한다.

1 재당첨 제한

몇 달 전 재개발 구역 내 조합원 물건을 계약하고 잔금까지 마무리한 고객으로부터 재당첨 제한 대상이 될지 모른다는 연락이 왔다. 조합원 분양권이 인정되지 않으면 현금청산이 되는데, 그렇게 되면 어림짐작으로도 1억~2억 원 이상의 큰 금전 손실이 발생하는 심각한 상황이었다. 당연히 그 고객은 새파랗게 질렸고 필자도 당황하기는 마찬가지였다.

투기과열지구 내 정비사업(재건축·재개발 등) 일반분양을 받은 경우 5년간 다른 정비사업의 일반분양 당첨을 받을 수 없다는 규정이 있었는데, 2017년 부동산시장이 과열되자 8·2대책을 통해 더 강화되었다. 투기과열지구 내 정비사업 일반분양뿐만 아니라 조합원 분양에 당첨된 세대에 속한 자까지도 5년간 투기과열지구 내의 정비사업 일반분양 또는 조합원의 재당첨을 제한한다. 5년 내 투기과열지구 정비사업 조합원이나 일반분양에 당첨되었다면 투기과열지구 정비사업의 일반분양도 안 되고 조합원 당첨도 안 된다

| 2017년 8·2대책에서 강화된 투기과열지구 내 정비사업 분양 재당첨 제한 |

당첨	재당첨 기간	재당첨 대상	2017년 8월 2일 이전	2017년 8월 2일 이후
정비사업 일반분양		정비사업 일반분양	X	X
정비사업 일반분양	5년	조합원 분양	O	X
조합원 분양		정비사업 일반분양	O	X
조합원 분양		조합원 분양	O	X

는 것이다.

예를 들어 2018년 5월 투기과열지구 내 재개발 구역의 일반분양에 당첨되거나 보유하고 있던 재개발 물건이 조합원 분양에 당첨된 사람이 세대에 있다면, 2020년 5월 투기과열지구인 서울의 재개발 구역에서 나오는 일반분양 당첨도 될 수 없고 재개발 구역 내 조합원 물건도 구입할 수 없다. 조합원 분양 당첨이 제한되는데 바보가 아닌 이상 재개발 투자를 하는 사람은 없을 것이다.

다만 투기과열지구 지정일보다 최초 관리처분계획 인가일이 빠른 경우에는 재당첨 제한규정 적용이 제외되기에 투기과열지구 지정(2017년 8월 2일) 전에 정비사업 일반분양을 받은 경우에는 강화된 재당첨 제한 대상이 아니다. 매도자가 5년 재당첨 제한에 걸린 매물을 관리처분계획인가 이전에 매수하는 경우 재당첨 제한 대상인지 여부를 반드시 확인해야 한다. 만약 재당첨 제한 대상인 매물을 구입하는 경우에는 현금청산 대상이 되니 주의하자

② 재개발 조합원 지위양도 금지(조합원 분양권 전매 금지)

재개발 구역에서 새 아파트의 주인이 될 수 있는 지위인 재개발 조합원 분양권(입주권)의 전매를 제한하는 규제도 있다. 참고로 전매는 매매보다 훨씬 넓은 개념으로 매매·증여 등 권리의 이전이 모두 포함되는 개념이다. 이 역시도 2017년. 8·2대책을 통해 강화된 규제로, 8·2대책 이전에는 재개발 조합원 분양권 전매제한이 없었지만 8·2대책 이후 투기과열지구에서는 관리처분계획인가 후부터 소유권이전등기 시까지 재개발 조합원 분양권 전매가 금지된다.

재개발 구역의 입주권(조합원 분양권)을 팔고 싶다면 관리처분계획인가가 나기 전에 전매를 해야 한다. 재건축사업은 조합설립인가부터 소유권이전등기 시까지 조합원의 지위 양도가 제한되기에, 재개발사업은 상대적으로 숨통이 트여 있어 그나마 다행이라고 할 수 있다.

재당첨 제한 및 조합원 지위양도 금지 관련 「도정법」의 상세 내용을 다음 장에 설명했으니 참고하기 바란다.

제46조 (분양공고 및 분양신청) 변경 후 (제72조)

③ 제2항에도 불구하고 투기과열지구에서의 정비사업(가로주택정비사업은 제외한다. 이하 이 항에서 같다)에서 제48조에 따른 관리처분계획에 따라 같은 조 제1항 제3호 가목 또는 나목의 분양대상자 및 그 세대에 속한 자는 분양대상자 선정일(조합원 분양분 분양대상자는 최초 관리처분계획 인가일을 말한다)부터 5년 이내에는 투기과열지구에서 분양신청을 할 수 없다. 다만 상속, 결혼, 이혼으로 조합원 자격을 취득한 경우에는 분양신청을 할 수 있다.(신설 2017. 10. 24)

제19조 (조합원의 자격 등)

② 「주택법」 제63조 제1항에 따른 투기과열지구(이하 "투기과열지구"라한다)로 지정된 지역에서 주택재건축사업을 시행하는 경우에는 제16조에 따른 조합설립인가 후, 주택재개발사업 및 도시환경정비사업을 시행하는 경우에는 제48조에 따른 관리처분계획의 인가 후 해당 정비사업의 건축물 또는 토지를 양수(매매·증여 그 밖의 권리의 변동을 수반하는 일체의 행위를 포함하되, 상속·이혼으로 인한 양도·양수의 경우를 제외한다. 이하 이 조에서 같다)한 자는 제1항의 규정에 불구하고 조합원이 될 수 없다. 다만 양도인이 다음 각 호의 어느 하나에 해당하는 경우 그 양도인으로부터 그 건축물 또는 토지를 양수한 자는 그러하지 아니하다.(신설 2003. 12. 31, 2005. 03. 18, 2009. 02. 06, 2013. 12. 24, 2016. 01.

19, 2017. 10. 24)

1. 세대원(세대주가 포함된 세대의 구성원을 말한다. 이하 이 조에서 같다)의 근무 또는 생업상의 사정이나 질병치료·취학·결혼으로 인하여 세대원 전원이 당해 사업구역이 위치하지 아니한 특별시·광역시·특별자치시·특별자치도·시 또는 군으로 이전하는 경우

2. 상속에 의하여 취득한 주택으로 세대원 전원이 이전하는 경우

3. 세대원 전원이 해외로 이주하거나 세대원 전원이 2년 이상의 기간 동안 해외에 체류하고자 하는 경우

4. 그 밖에 불가피한 사정으로 양도하는 경우로서 대통령령이 정하는 경우

부칙 (법률 제14943호, 2017. 10. 24)

제1조(시행일) 이 법은 공포한 날부터 시행한다. 다만 제48조 제2항 제7호의 개정규정은 2017년 11월 10일부터 시행하고, 제19조 제2항의 개정규정은 공포 후 3개월이 경과한 날부터 시행하며, 법률 제14567호 「도시 및 주거환경정비법」 전부개정법률 제39조 제2항, 제72조 제6항, 제73조 제1항 및 제76조 제1항의 개정규정은 2018년 2월 9일부터 시행한다.

제2조(주택재개발사업·도시환경정비사업의 조합원 자격 취득 제한에 관한 적용례) 제19조 제2항 본문의 개정규정은 같은 개정규정 시행(2018. 01. 24) 후 최초로 사업시행인가를 신청하는 경우부터 적용한다. 부칙 규정에 따라 2017년 10월 24일 개정안 공표날부터 시행이 되었

으며 3개월 경과 규정을 두었고 투기과열지구 내 재개발 구역에서 2018년 1월 24일 이후 사업시행인가를 접수하는 구역

제4조(투기과열지구 내 분양신청 제한에 관한 경과조치) 이 법 시행 전에 투기과열지구의 토지 등 소유자는 제46조 제3항의 개정규정에도 불구하고 종전의 규정을 적용한다. 다만 다음 각 호의 어느 하나에 해당하는 경우에는 그러하지 아니하다.

1. 토지 등 소유자와 그 세대에 속하는 자가 이 법 시행 후 투기과열지구의 정비사업구역에 소재한 토지 또는 건축물을 취득하여 해당 정비사업의 관리처분계획에 따라 제48조 제1항 제3호 가목의 분양대상자로 선정된 경우

2. 토지 등 소유자와 그 세대에 속하는 자가 이 법 시행 후 투기과열지구의 정비사업의 관리처분계획에 따라 제48조 제1항 제3호 나목의 분양대상자로 선정된 경우

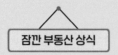

조정대상지역 지정 시 규제

박근혜 정부 시절인 2016년 11·13대책에서 처음 선보인 조정대상지역은 과열된 특정 지역을 지정하면 대출, 세금, 분양권 등의 규제가 핀셋으로 적용되도록 설계한 수요억제 정책이다. 2017년 8·2대책에서 서울 전 지역이 지정되었음에도 부동산 규제를 피해 비규제 지역으로 투자수요가 이동하는 풍선효과가 수도권을 넘어 지방으로 확산되자, 정부는 2020년 12월 17일 지방 36곳까지 조정대상지역으로 묶었다.

　뉴스를 보면 조정대상지역으로 지정해 규제를 강화한다고 하는데, 내용도 어렵고 지역도 많고 그마저도 수시로 변경되어 그나마 알고 있는 사실도 헷갈릴 지경이다. 조정대상지역으로 지정되면 어떤 규제가 적용되는지 알아보도록 하자.

대출 규제

조정대상지역이 되면 LTV(담보대출인정비율), DTI(총부채상환비율) 50%가 적용된다. 기존에는 LTV 60%였지만 50%로 강화되었고 9억 원 초과분은 30%로 차등 적용된다. 시가 10억 원의 아파트라면 기존 6억 원(LTV 60%)까지 대출이 되었지만 이제는 4억 8천만 원(9억 원 이하 50%, 9억 원 초과 30%)까지만 대출이 된다. 참고로 투기지역과 투기과열지구는 LTV, DTI 40%, 9억 원 초과분은 20% 차등 적용되며 15억 원 이상 주택은 주택담보대출이 금지된다.

2주택 이상 신규 구입 주택담보대출은 원천 봉쇄가 되며 중도금 대출도 세대당 보증건수 1건으로 제한된다. 조정대상지역 1주택 세대 주택담보대출 실수요 요건도 강화되어 2년 내 기존 주택 처분에 신규 주택 전입 의무 조건이 추가되었다. 9억 원 초과 고가주택의 경우 조정대상지역은 2년 내 처분 및 전입을 해야 대출이 가능하고, 투기지역과 투기과열지구는 1년 내 처분 및 전입으로 강화되었다. 자금계획에 차질이 생기면 큰 문제가 발생한다. 대출 가능 여부 및 한도금액을 알아보기 위해 계약 전 가급적 은행대출담당자와 상담을 받아보는 것이 좋겠다.

세제 규제

조정대상지역은 세제 규제가 주력이라 할 수 있다. 가장 민감한 다주택 보유자의 양도소득세 중과세가 조정대상지역 지정 유무에 따라 결정되기 때문이다. 조정대상지역 내 2주택 보유자가 양도할 경우 일반세율 6~45%에 10%p가 중과되며, 3주택 이상이면 20%p가 중과되어 26~65%의 매우 높은 양도세율이 적용된다. 2021년 6월 1일 이후부터는 여기에 10%p가 더 중과되어 3주택 이상이면 36~75%가 된다.

조정대상지역 다주택 보유자는 장기보유특별공제도 배제된다. 2018년 9월 13일 이후 조정대상지역 내 취득한 주택부터는 1세대 1주택 양도세 비과세와 장기보유특별공제(최대 80%) 요건에 2년 거주가 추가되었으며 2021년부터는 1주택 장기보유특별공제 80%를 받으려면 1년씩 보유 4%, 거주 4%로 해서 10년 동안 보유와 거주를 해야만 가능하다. 예를 들어 10년 동안 10년 보유는 했으나 5년만 거주했다면 보유 40%, 거주 20% 해서 총 60%만 적용된다.

2018년 9월 13일 이전에 취득한 주택의 일시적 2주택 기간은 3년이지만 2018년 9월 13일 이후에 취득한 주택이라면 일시적 2주택 기간은 2년이 적용되고 2019년 12월 17일 이후 취득한 주택은 1년 이내 양도 및 전입으로 더 강화되었다.

2021년 이후 양도하면 최종 1주택이 된 시점부터 보유 기간이 기산된다. 예를 들어 2주택을 보유하고 있다가 2020년까지 1주택을 팔고 나머지 남은 1주택을 팔았다면 2년 보유를 했기에 양도세 비과세가 가능하다. 하지만 2021년부터는 1주택을 판 시점부터 남은 1주택의 보유 기간이 기산되어 2년 이상 보유해 2022년 넘어야 양도세 비과세가 가능하다.

또 분양권 전매 양도세율도 조정대상지역은 50%로 중과가 되며, 2021년부터는 분양권도 양도세 중과 주택 수에 포함된다. 물론 2021년 이후 입주자 모집공고가 나온 주택청약 당첨 시 분양권부터 적용된다. 양도세뿐만 아니라 종합부동산세도 2주택 이상 중과되며 세 부담 상한도 300%로 강화된다.

또 등록 임대주택에 대한 세제혜택도 축소된다. 2018년 9월 13일 이후 취득한 주택은 임대등록을 해도 양도세 중과가 적용되며 종합부동산세가 합산 과세된다.

청약 및 전매제한 규제

주택 분양권 전매제한은 조정대상지역에서 1지역은 소유권이전등기 시까지, 2지역은 1년 6개월, 3지역은 6개월이 적용된다. 이런 지역 기준이 상향 조정되어 기존 조정대상지역도 모두 1지역이 됨으로써 소유권이전등기 시까지 전매가 제한되었다. 분양권 투기를 하지 말라는 강력한 신호다. 청약 재당첨 제한이 투기과열지구와 분양가상한제지역은 당첨 10년, 조정대상지역은 당첨 7년으로 강화되었으며 공급질서 교란, 불법 전매 시 10년 동안 청약이 금지된다.

자금조달계획서 신고도 의무화되었다. 자금조달계획에 의심이 가면 언제든지 세무조사를 하겠다는 의미로, 실거래 신고를 하면서 자금조달계획서를 제출하는 것이 생각보다 부담스러운 규제다. 당초 투기과열지구 3억 원 이상에만 적용되다가 조정대상지역

| 조정대상지역 및 투기과열지구 규제 내용(2021년 4월 10일 기준) |

구분	조정대상지역	투기지역·투기과열지구
대출	LTV 50%(9억 원 초과 30%), DTI 50%	LTV 40%(9억 원 초과 20%), DTI 40% 15억 원 초과 주택담보대출 금지
	2주택 이상 신규 구입 주택담보대출 금지 LTV 0%	
	중도금 대출 강화(분양가격 10% 계약금 납부, 세대당 보증건수 1건 제한)	
	1주택 세대 2년 내 처분 및 전입 의무	1주택 세대 1년 내 처분 및 전입 의무
	9억 원 초과 고가주택 2년 내 처분 및 전입	9억 원 초과 고가주택 1년 내 처분 및 전입
	주택매매업·임대업 이외 업종 사업자의 주택구입 목적의 주택담보 기업자 금대출 신규 취급 금지	
		민간임대매입(신규) 기금융자 중단
세제	다주택 양도세 중과 (2021.6.1 이후) - 2주택 +10%p, 3주택 이상 +20%p - 2주택 +20%p, 3주택 이상 +30%p	
	다주택 장기보유특별공제 배제	
	1주택 양도세 비과세 2년 이상 거주 1주택 장기보유특별공제(최대 80%) 거주요건	
	일시적 2주택 1년 이내 양도 및 전입 - 기간 2년 이내(2019.12.17 이전) - 기간 3년 이내(2018.9.13 이전)	
	최종 보유 주택부터 보유 기간 기산(2021년)	

세제	분양권 전매 양도세율 50% 분양권 양도세 중과 주택 수 포함 (2021년)	
	종합부동산세 2주택 이상 중과 종합부동산세 세부담 상한 300% 추가과세 +0.6~2.8%p	
	임대주택 세제혜택 축소 - 양도세 중과, 종합부동산세 배제	양도세 주택 수 산정 시 농어촌주택 포함 취득세 중과 대상 특례 배제
청약 전매 제한	주택 분양권 전매제한 - 1지역 소유권이전등기 - 2지역 1년 6개월 - 3지역 공공택지 1년, 　　　민간택지 6개월	주택 분양권 전매제한 - 소유권이전등기(최대 5년) - 분양가상한제 적용주택 　전매제한기간 강화
		거주자 우선 2년(66만m² 이상 신도시)
	오피스텔(100실 이상) 분양권 전매제한 - 소유권 이전등기 또는 사용승인일로부터 1년 중 짧은 기간	
	1순위 자격요건 강화 - 청약통장 가입 후 2년 경과 + 납입횟수 24회 이상 - 5년 내 당첨자가 세대에 속하지 않을 것, 세대주일 것 - 2주택 소유 세대가 아닐 것(민영)	
	1순위 청약일정 분리(해당지역, 기타)	
	민영주택 일반공급 가점제 확대 - 85m² 이하 75%, 　85m² 이상 30%	민영주택 일반공급 가점제 확대 - 85m² 이하 100%, 　85m² 이상 50%
	민영주택 재당첨 제한 7년	민영주택 재당첨 제한 10년
	공급질서 교란, 불법 전매 청약금지 10년	
	오피스텔 거주자 우선분양 - 분양 100실 이상: 20% 이하 - 분양 100실 미만: 10% 이하	
		9억 원 초과 주택 특별공급 제외

	재건축 조합원 주택공급 1주택 제한	
정비 사업		재건축 조합원 지위양도 제한 재개발 조합원 분양권 전매 제한 정비사업 분양 재당첨 제한 재건축사업 후 분양 인센티브 배제
기타		지역, 직장 주택조합조합원 지위양도/자격요건 제한
	주택 취득 시 자금조달계획서 신고의무화 – 기존 주택보유현황, 현금증여 등 (투기과열지구는 증빙자료 제출)	

3억 원 이상(비규제지역 6억 원 이상)으로 확대 적용된 후 다시 강화되어 금액 기준 없이 의무화되었다. 투기과열지구에는 증빙서류도 제출해야 하기에 자금증빙 준비를 깐깐하게 할 필요가 있다.

재개발 투자수익
계산하기

재개발 투자의 성공 확률을 높이려면 투자수익 계산은 필수다. 재개발사업 진행 단계에 따라 정확하게 계산을 하는 것은 어려운 일이이다. 그래도 주어진 대지지분, 감정평가액, 비례율, 조합원분양가, 추가분담금, 일반분양가, 주변시세 등 최대한 객관적인 자료를 가지고 대략적인 투자수익을 계산할 수는 있다.

또 직접 계산하지는 못하더라도 현장 부동산에서 투자수익을 계산하면서 설명해줄 때 "이게 무슨 소리야?" 하면서 하나도 이해를 못한다면 제대로 된 투자를 할 수 없을 것이다. 직접 계산하지는 못해도 적어도 이해는 할 수 있도록 지금부터 알아보자.

1 비례율을 적용한 계산방법

대지지분 33m²(약 10평), 매매가 4억 원, 감정평가액 토지 1천만 원/m², 건물 40만 원/m², 비례율 110%로 가정했을 때 재개발 투자수익을 계산해보자(다음 페이지 표 참고).

토지의 감정평가액은 대지지분 33m²에 1천만 원/m²를 곱한 3억 3천만 원이 되고, 건물의 감정평가액은 건평 50m²에 40만 원/m²를 곱한 2천만 원이 된다. 토지와 건물의 감정평가액을 더한 총 평가액은 3억 5천만 원이다. 비례율 110%를 곱한 비례율 반영액은 3억 8,500만 원이 된다.

전용면적 59m² 기준 예상 조합원분양가가 6억 원이라 하면 추가분담금은 조합원분양가 6억 원에서 비례율 반영액 3억 8,500만 원을 뺀 2억 1,500만 원이 된다. 결국 매매가 4억 원에 추가분담금 2억 1,500만 원을 합한 6억 1,500만 원에 전용면적 59m² 새 아파트의 입주권 주인이 되는 것이다.

과연 이게 남는 장사인지는 일반분양가와 주변시세를 비교해보면 답이 나온다. 일반분양가가 6억 7천 만 원이면 5,500만 원 정도, 비슷한 조건의 주변시세가 7억 원이면 8,500만 원 정도의 투자수익을 얻을 수 있다는 계산이 나온다.

물론 이런 비례율 계산방식은 투자 타당성을 확인하기 위한 대략적인 방법으로 정확한 비례율을 알기 어렵고 이주비 이자, 대출

| 비례율 적용 투자수익 계산 |

구분	내용	비고
대지	33m²	
건평	50m²	
매매가	4억 원	
감정평가액(토지)	3억 3천만 원	33m²×1천만 원/m²
감정평가액(건물)	2천만 원	50m²×40만 원/m²
총평가액	3억 5천만 원	토지 감정평가액+건물 감정평가액
비례율	110%	
비례율 반영액	3억 8,500만 원	총평가액×비례율
조합원분양가	6억 원	전용면적 59m²
추가분담금	2억 1,500만 원	조합원분양가−비례율 반영액
총 투자금액	6억 1,500만 원	매매가+추가분담금
일반분양가	6억 7천만 원	전용면적 59m²
주변시세	7억 원	전용면적 59m²
일반분양가 대비 수익	5,500만 원	일반분양가−총 투자금액
주변시세 대비 수익	8,500만 원	주변시세−총 투자금액

이자, 기타 비용을 감안하면 실제 투자금액과는 차이가 있을 수 있어서 투자판단 정도로 이용하면 되겠다.

② 예상감정가액 계산방법

비례율과 감정평가액을 정확히 알기 어렵고 재개발 구역 및 각 물건별 개별성도 강해서 비례율 계산이 쉽지 않다면 어떻게 해야 할까? 공시지가를 이용해 계산한 대략적인 예상감정가액으로 투자 수익을 계산하는 방법도 있다. 오히려 일반 투자자의 관점에서는 예상감정가액 계산방법이 더 유용하게 사용될 수도 있다.

대지 30m², 건물 60m²의 단독주택의 매매가격은 12억 원이며 공시지가는 m²당 1,520만 원이라고 가정해보자(다음 페이지 표 참고). 현실에서는 대지 30m², 건물 60m²의 단독주택을 찾기 어렵겠지만 계산 편의상 이렇게 가정해보았다. 예상감정가액은 공시지가(토지 공시가격)의 120%에 건물가격(건물 공시가격)을 곱해 대략 6억 720만 원 정도로 예상된다.

왜 건물은 공시가격을 그대로 사용할까? 재개발 구역 내 물건은 건축한 지 수십 년이 지난 노후 건물이어서 건물가격을 제대로 받기 어렵다. 이런 이유로 공시가격 정도로 가정해도 크게 문제는 없다.

"아니 12억 원에 사서 6억 720만 원밖에 인정이 안 된다면 나는 손해 아니야?"라고 반문할 수 있을 것이다. 대부분의 서울 재개발 사업은 입지가 좋고 조합원분양가가 시세보다 낮게 평가되는 경우가 많아서 무조건 손해라고 할 수는 없다. 먼저 계산해보고 답이 안 나오면 투자를 포기하면 된다.

| 예상감정가액 투자수익 분석(편의상 평 단위 사용) |

구분	내용	비고
대지	30m²	토지 공시가격 1,520만 원/m²
건물	60m²	건물 공시가격 100만 원/m²
매매가	12억 원	
토지 공시가격	4억 5,600만 원	30m² × 1,520만 원/m²
건물 공시가격	6천만 원	60m² × 100만 원/m²
예상감정가액	6억 720만 원	토지 공시지가×120%+ 건물 공시가격
예상프리미엄	5억 9,280만 원	매매가 – 예상감정가액
조합원분양가	10억 5,400만 원	3,100만 원/3.3m² 전용 84m²(34평) 기준
추가분담금	4억 4,680만 원	조합원분양가–감정가액
총 투자금액	16억 4,680만 원	매매가+추가분담금
일반분양가	17억 원	5천만 원/3.3m²
주변시세	18억 원	
일반분양가 대비 수익	5,320만 원	일반분양가–총 투자금액
주변시세 대비 수익	1억 5,320만 원	주변시세–총 투자금액

아무튼 매매가액 12억 원에서 6억 720만 원으로 계산된 예상감정평가금액을 빼면 나오는 5억 9,280만 원이 예상프리미엄이다. 대략 6억 원 정도의 프리미엄을 주고 샀다는 것인데 과연 타당성이 있는지 더 알아보자.

전용면적 84m²(일반 분양면적 34평) 아파트 조합원분양가가 10억 5,400만 원(3.3m²당 3,100만 원)으로 예상된다면, 조합원분양가 10억 5,400만 원에서 예상감정가액 6억 720만 원을 뺀 4억 4,680만 원이 추가분담금이 된다. 결국 매매가 12억 원에 추가분담금 4억 4,680만 원을 더한 16억 4,680만 원이 내가 전용 84m² 아파트를 구입하는 데 총 투입되는 금액이다. 예상되는 일반분양가가 17억 원이면 5천만 원 정도 이득이라 할 수 있다.

서울 재개발사업의 일반분양에 당첨되기는 하늘의 별 따기이고 조합원분양가는 일반분양가보다 현저히 낮게 책정된다. 서울의 경우 분양가상한제 영향으로 일반분양가도 주변시세보다 낮게 책정되기 때문에 계산상 일반분양가와 총 투입금액이 큰 차이가 나지 않아도 실제는 투자가치가 있다고 할 수 있다.

재개발 투자 성공 노하우 1
사업추진 속도에 따른 투자전략

노후화된 아파트를 철거한 후 건축하는 재건축과 재개발은 달리 노후·불량 주택뿐만 아니라 기반시설도 열악한 지역을 사업지로 정해 철거 후 새 아파트를 짓는 사업이다. 입지와 대지지분 등 조합원들 간의 이해관계가 재건축보다 더 복잡하고 변수도 많아서 보다 세밀한 투자전략이 필요하다.

　재건축 대상인 아파트야 면적 차이 말고는 동이나 층수 차이는 크게 변수가 되지 않지만 재개발은 노후화된 단독주택, 다세대 빌라, 연립주택 등이 혼재되어 있어서 전용면적과 대지지분이 천차만별이고 도로와 접하는 면적, 주변 환경 등 입지적인 요소도 다양해서 고려해야 할 부분이 많다.

사업성 분석은 133쪽(재개발 투자수익 계산하기)에서 설명하겠고 이번에는 재개발 투자 시 유리한 투자노하우 중 사업추진속도에 따른 투자전략에 대해 알아보자.

단계별 투자전략

재개발사업은 일반분양 아파트처럼 3년 만에 완공되는 사업이 아니다. 앞서 설명했듯이 재개발사업은 기본계획수립, 정비계획 수립 및 지정, 추진위원회 구성, 조합설립인가, 사업시행계획인가, 관리처분계획인가 등 여러 단계를 거치게 된다.

각 단계별로 계단을 올라갈 때마다 불확실성이 제거되면서 가치는 올라간다. "그러면 사업 초기 단계에 들어가면 가장 낮은 계단에서 높은 계단으로 올라가면서 가장 많은 투자수익을 얻을 수 있겠네."라고 쉽게 생각할 수 있는데 그렇지는 않다. 사람관계는 돈만 아니면 갈등이 생길 여지가 별로 없다. 돈만 아니면 대부분 참 좋은 사람들이다. 그런데 돈이란 놈만 개입되면 갈등과 분쟁이 생기고 문제가 발생하면서 사업 기간이 길어진다.

재개발사업은 자선사업이 아니다. 돈 벌자고 조합원들이 모여서 하는 수익사업이다 보니 당연히 돈과 관련해 민감해지면서 여러 갈등과 분쟁이 생긴다. 1~2년 정도 늦어지는 거야 기다릴 수 있지만 소송으로 가면서 몇 년의 허송세월을 보내는 경우도 다반사이고 심한 경우에는 재개발 사업 자체가 무산되기도 한다.

조합과 조합원 간의 갈등도 많지만 조합과 또 다른 조합이나 단체와의 갈등도 빈번하다. 지금은 멋진 재건축 아파트가 된 헬리오시티의 경우 가락시영 아파트가 재건축사업을 추진할 당시 4개의 조합 및 단체가 난립하면서 소송전(戰)을 하기도 했다.

예전보다는 많이 투명해졌지만 아직도 조합장을 비롯한 임원들의 비리가 끊이질 않고 있으며 이권관계로 서로 물고 물리는 이전투구 양상이 벌어지고는 한다. 따라서 재개발 투자를 할 때는 사업 진행 단계와 사업 진행 속도, 조합과 조합원들 간 이슈와 문제를 반드시 검토할 필요가 있다.

1 | 추진위원회 또는 조합설립 단계

현재 사업 진행 단계가 추진위원회(추진위) 구성도 안 된 초기 단계라면 10년 이상 긴 세월을 기다릴 마음의 준비를 하고 접근하는 것이 좋다. 당연한 말이지만 처음부터 지나치게 큰 투자금액이 투입된다면 자금이 묶이는 유동성 위험은 커지고 예상치 못한 변수로 인해 사업 기간이 길어질수록 상당한 고통이 수반될 수 있으니 주의하자.

조합설립인가가 났다면 그래도 큰 산 하나는 넘었다고 생각할 수 있다. 남은 산이 더 많지만 그래도 해볼 만한 상황은 된 것이다. 하지만 여전히 갈등의 산이 더 많이 남아 있다. 향후 사업을 빠르게 진행하기 위해서는 조합원들 간 갈등이 최소화되는 것이 좋기에 투자 결정 전 조합원들 간 이견이나 분쟁의 요인이 될 만한 이슈가 있는지 미리 체크하는 것이 좋겠다.

2 | 사업시행계획인가 단계

사업시행계획인가까지 갔다면 힘든 산은 다 넘어갔다고 할 수 있다. 사업을 해도 좋다는 허가를 받은 것이기에 분양계획을 잘 세워서 관리처분계획인가만 받으면 된다. 물론 사업시행계획인가 후 관리처분계획인가까지 금방 진행되지는 않는다. 여전히 많은 구역이 사업시행계획인가를 받고도 속도를 제대로 내지 못하거나 사업이 정체되면서 어려움을 겪고 있다. 그래도 반환점은 돌았다. 저 멀리 고지가 보이는 만큼 위험이 줄어들었고, 가치는 줄어든 위험만큼 올라간다.

초기 투자자들이야 가치가 올라가면 좋지만 사업시행계획인가 단계에서 진입하려는 투자자들은 다르다. 사업 기간이 짧아져 불확실성은 제거되고 사업 진행에 대한 위험은 줄어들었지만 높아진 가치만큼 투자금액 역시 늘어나기 때문에 자금 부담은 커지게 된다.

매매가격 대비 전세가격의 비율인 전세가율이 50~70% 수준인 일반 아파트와 달리 재개발 구역 물건은 사업 진행 단계에 따라 차이는 있지만 보통 10~30% 수준이다. 사업 단계가 올라갈수록 철거 날이 다가오면서 살 수 있는 날이 얼마 남지 않았다는 의미이기에 사업시행계획인가가 나면 전세가율이 10% 이하로 떨어지는 경우도 많다. 이는 곧 전세 레버리지를 제대로 활용하지 못한다는 의미다. 대출 레버리지도 활용하지 못하고 강화된 대출규제가 강화되면서 대출 문턱도 높아졌으니 자금계획을 보다 철저히 세울 필요가 있다. 자금계획에는 무리가 없으면서 오랜 사업 기간에 대한 불확실성 위험을 줄이고 싶다면 사업시행계획인가 단계에 들어가는 것이 좋다.

3 | 관리처분계획인가 단계
투기과열지구에서는 관리처분계획인가부터 소유권이전등기 시까지 조합원 분양권 전매가 제한된다. 그렇기 때문에 투기과열지구로 지정된 서울의 재개발 구역들은 관리처분계획인가 단계에 투자하는 것이 현실적으로 어려워 여기에 투자를 원하는 투자자라면 관리처분계획인가 이전에 조합원 분양권을 구입해야 한다. 하지만 재개발사업이 서울에만 있는 것은 아니고 시장 상황에 따라 투기과열지구는 언제든지 해지될 수도 있다.

　관리처분계획인가 단계까지 왔으면 큰 산들은 다 넘었고 위험은 거의 다 제거되었다. 위험이 대부분 제거된 만큼 가격은 올라가 있어 투자보다는 실수요 목적이 우선되면 좋은 단계다. '난 오래 기다리는 것은 싫고 어차피 입주할 생각이다.'라는 마음을 먹은 실수요자들은 관리처분계획 단계나 그 이후에 들어가는 것이 좋겠다.

재개발 투자 성공 노하우 2
다양한 조사가 필요하다

■ 현장 부동산 의견에 귀를 기울이자

위험을 최소화하기 위해 조합원들 간, 조합과 시공사 간 분쟁이 있
는 것은 피하는 것이 좋다. 그런데 조합에 문의해보면 알겠지만 항
상 좋은 말만 한다. 조합은 지나치게 긍정적으로 말하는 경향이 있
어서 조합에서 하는 말만 그대로 믿고 투자를 결정하기보다는 조
합에서 하는 말은 '가장 최선의 경우만 말하는 구나.' 정도로 이해
하는 것이 좋겠다.

현장에서 영업하는 현장공인중개사가 해당 지역의 가장 전문가

들이다. 타당성 조사를 함에 있어서 현장 전문가인 공인중개사의 의견을 제대로 반영하지 않는다는 것은 말이 되지 않는다.

사업이 제대로 추진되고 있는지, 조합원들 간 또는 조합과 조합원들 간 분쟁이나 분쟁의 불씨가 있어 사업이 지연되거나 장기화될 가능성이 있는지, 시공자(시공사)와의 분쟁이나 다른 문제로 사업 기간이 더 길어지거나 비용이 눈덩이처럼 커질 가능성이 있는지, 소송은 없는지, 조합장 포함 조합은 일을 잘하는지 등 여러 문의를 해보는 것이 좋다.

당연히 재개발 구역 주변 공인중개업소를 방문해서 의견을 들어보아야 한다. 아마 현재 재개발사업 진행상황과 문제점 등에 대해 상세한 설명을 들을 수 있을 것이다. 다만 현장에서 부동산업을 하시는 공인중개사들도 각자 가치관과 상황에 따른 입장이 다른지라 같은 구역이라도 다른 의견이나 정보를 제공할 수 있다. 그러니 한 군데만 방문하지 말고 가급적 해당 구역을 전문으로 하는 부동산 2~3곳 정도는 방문하고, 시간이 된다면 1~2km 반경 내 해당 구역과 직접 관계는 없지만 인접한 부동산 1~2곳 정도 더 방문해서 추가 의견을 얻도록 하자. 자신이 운영하는 중개업소의 구역을 좋게 이야기하는 경향이 있을 것이고 다른 지역이나 구역의 부동산에서는 다소 비판적인 이야기를 할 수도 있지만, 도움이 되는 정보를 상당히 얻을 수 있을 것이다.

② 대지지분은 클수록 좋다

대지지분은 자신이 보유하고 있는 재개발 물건에 할당되어 있는 땅이다. 단독주택이라면 대지면적 전부가 해당되지만 한 건물에 여러 구분소유자가 있는 다세대주택 빌라라면 각 빌라의 면적에 비례해 전체 대지면적 대비 땅이 할당된다. 예를 들어 대지가 330m²(약 100평)인 빌라에 동일한 면적으로 구분된 10세대가 있다면 각 세대의 대지지분은 33m²(약 10평)이 된다.

왜 대지지분이 중요할까? 재개발 구역의 경우 노후도가 심한 주택들이 밀집해 있는데 30~40년이 지나면 감가상각이 되어 콘크리트 가치는 거의 없다. 다시 말해 건물의 가치는 감정평가를 해도 얼마 나오지 않고 결국 영속성이 보장되는 땅의 가치가 해당 재개발 물건의 가치가 된. 그래서 비슷하게 생긴 재개발 물건이어도 대지지분이 얼마나 되느냐에 따라 감정평가액은 크게 달라진다.

③ 감정평가액이 높을수록 좋다

당연한 말이지만 감정평가액이 높을수록 좋다. 감정평가액은 감정평가사 2인 이상이 평가한 감정평가금액을 산술 평균해 정해진다. 앞서 설명했듯이 대지지분이 높으면 당연히 감정평가액은 높게 나온다. 하지만 같은 대지지분의 재개발 물건이어도 감정평가액은 달라질 수 있다. 건물의 구조, 건축연도, 사용자재, 교통 및 주변환경, 편의시설, 공시지가, 도로접근성, 필지모양 등 평가요인에 따라서 결정하기 때문이다.

그래서 재개발 투자를 할 때는 반드시 임장(臨場) 활동을 통해 현장의 물건을 두 눈과 두 다리로 확인해야 한다. 대지지분이나 건축연도, 공시지가는 인터넷으로 쉽게 확인할 수 있지만 건물의 구조, 주변환경, 도로접근성, 필지모양 등은 반드시 현장에서 확인이해야 한다. 지적도나 토지이용계획확인원 등의 자료로 보는 것과 현장에서 두 눈으로 보는 것은 완전히 다르다.

◢4◣ 비례율도 중요하다

재개발 물건의 가치는 결국 권리가액으로 결정된다. 사업시행계획인가 이후 권리가액(종전자산 감정평가액×비례율)을 기준해 조합원 분양권의 면적을 배정받기 때문이다. 비례율은 재개발사업에 따른 개발이익비율로 관리처분계획인가 시점에 확정된다. 조합원 모두에게 동일하기 때문에 주택, 토지 등 조합원 자산의 감정평가액을 기준으로 면적 배정이 결정된다.

예를 들어 빌라 한 채를 5억 원을 주고 구입했는데 재개발사업이 진행되어 보유하고 있던 한 채의 빌라에 대한 감정평가액이 4억 원이 나왔다고 가정해보자. 비례율 110%가 적용된다면 권리가액은 4억 4천만 원이 된다. 이는 즉 재개발조합에서 빌라를 4억 4천만 원의 가치로 인정해준다는 의미로, 전용 59m²를 받을 수 있는 입주권의 조합원분양가가 5억 원으로 책정된다면 6천만 원의 추가분담금만 내면 된다.

비례율은 일반적으로 관리처분계획 단계에서 명확해지지만 그전이라도 대략적인 수치는 알 수 있다. 비례율이 높게 나오는 곳은 사유지 비율이 높은 구역, 사업면적에 비해 조합원 수와 세입자 수가 적은 구역, 건축비가 적은 구역 등이다. 사유지 비율이 높으면 그만큼 국·공유지 매입에 들어가는 돈이 줄어들고 조합원 수와 세입자 수가 적으면 일반분양이 많아지고 임대물량이 줄어들기 때문에 비례율이 높아질 수 있다.

다만 요즘은 조합에서 세금 등의 문제로 비례율을 높이려고 하지 않아서 100%를 조금 상회하는 수준에서 결정되는 경우가 많다. 또 현장에 가보면 감정평가도 잘 나오고 비례율이 높은 물건을 고르는 것이 생각처럼 쉽지도 않고, 막상 고르면 매매가격이 그만큼 올라가는 경우도 많아서 절대기준은 될 수 없다. 참고 정도로 이해하면 도움이 될 것이다.

5 종세분화를 확인하자

재개발사업이 아직 본격적으로 진행되지 않았거나 초기 단계라면

일반 주거지역	설명	용적률	
		국개법*	서울시 조례
제1종	저층주택 중심의 편리한 주거환경 조성이 필요한 지역	100~200%	150%
제2종	중층주택 중심의 편리한 주거환경 조성이 필요한 지역	150~250%	200%
제3종	고층주택 중심의 편리한 주거환경 조성이 필요한 지역	200~300%	250%

*국개법: 국토의 개발 및 이용에 관한 법률

재개발 구역의 용도지역을 확인하는 것도 사업성 판단에 도움이 된다. 일반적으로 무분별한 고층 개발을 막기 위해 일반주거지역을 1, 2, 3종으로 나누고 종별로 용적률과 층수를 달리 적용하는데, 이 종(種)세분화에 따라 건물의 형태, 용적률, 층수가 결정된다. 용적률과 층수는 조합원 수와 건립세대 수에 직접적인 영향을 주기 때문에 재개발 수익률과도 관계가 크다. 1종보다는 2종이, 2종보다는 3종이 건립세대 수가 많아서 좋다.

6 조합원 수가 중요하다

건립세대 수가 조합원 수보다 많을수록 일반분양을 통해 수익은 커지고 조합원 부담은 줄어들며 투자수익은 높아진다. 반면 조합원 수가 많으면 일반분양 수가 줄어들어 사업성이 떨어지면서 사업 진행이 어려워지거나 건립세대 수가 부족해 일부 조합원은 현금청산 되는 경우도 발생한다. 특히 지분 쪼개기를 통해 조합원 수가 급격하게 늘어난 곳이라면 사업성이 잘 나오기 어렵기에 가급적 피하는 것이 좋다.

지분 쪼개기란 재개발 구역 내 단독주택을 매입해 다세주택으로 신축 후 지분을 쪼개서 조합원 수를 늘리는 편법이다. 늘어난 조합원 수만큼 사업성이 악화되고 노후화 요건이 하락해 사업성이 떨어지고 사업 자체가 불투명해질 수도 있다. 그래서 서울시는 기본계획수립을 검토 중인 후보지까지 건축허가 제한대상에 포함시켜서 다세대주택으로 건축허가를 받을 수 없게 했다. 구역 지정 이후 지분 쪼개기를 하면 분양자격이 박탈되며, 2003년 12월 31일 이후 지분 쪼개기를 하면 하나의 분양자격만 인정된다.

7 같은 가격이라면 건물상태가 좋은 것을 선택하라

동일한 구역의 비슷한 조건이라면 조금이라도 건물상태가 양호한 곳을 선택하는 것이 좋다. 어차피 재개발사업은 오랜 시간 기다려야 하는 장기투자이기 때문에 철거 전까지 전세를 주는 것이 유리하다. 건물 상태가 좋아야 전세금을 더 잘 받아서 초기 투자금액을 줄일 수 있고, 세입자를 구하기도 편하며, 노후 건물의 하자수리 부담도 줄일 수 있다.

반면 전세가격이 낮으면 초기 투자금액이 늘어나고, 장기간 투자금액이 묶이게 되면 부담이 늘어난다. 또 전세가격이 낮아지면 투자금액이 높아지면서 매매 시 매수자 찾기도 그만큼 더 어려워진다. 같은 조건이면 투자금액이 적게 들어가는 물건이 먼저 팔리는 것은 인지상정이다. 다만 주변에 신규 주택이 많이 늘어나서 노후도 요건에 문제가 발생할 가능성이 보인다면 상태가 좋아도 피하는 것이 좋다.

8 무허가 건물 매입은 잘 따져보아야 한다

26쪽(계약 전 재개발 입주권 분양자격을 확인하라)에서 설명했듯이 무허가 건물도 입주권이 나오기는 한다. 다만 무조건 나오는 것은 아니다. 무허가 건물(국가 소유나 공공기관의 땅에 무허가로 지어놓은 건물 가운데 무허가건축물관리대장에 기재된 건물의 소유권)의 국공유지는 점유권을 인정받을 수 있지만 반드시 무허가건물대장에 등재되어 있어야 한다. 국공유지를 매입했다면 반드시 별도로 구청의 무허가 매입신고를 한 후 건물대장의 명의를 변경해야 하며 재개발 조합을 방문해 조합원 명의 변경을 해야 한다.

서울에는 재개발 구역들이 있다. 이 가운데 어디가 좋다는 것인지, 구역마다 어떤 특징과 장단점이 있는지 모르겠다는 사람들을 위해 용산 한남, 마포 아현, 송파 거여·마천, 동작 노량진, 동대문 이문·휘경, 은평 수색·증산까지 상세하게 분석해 소개한다.

2부

서울
재개발
투자지도

3장

신흥 부촌 마용성 재개발 속으로

재개발 투자자들의 원픽
용산 한남뉴타운 1

부동산투자자들이 가장 선호하는 재개발 구역을 꼽으라면 단연 용산 한남뉴타운일 것이다. 남산과 한강이 이어지는 서울 한복판에 위치한 용산은 평지가 많고 한강 물길이 닿는 교통의 요지였다. 한남동은 서울의 전통적인 부촌으로 남산과 한강의 배산임수(背山臨水) 입지를 자랑한다. 그뿐만 아니라 한강을 건너면 강남으로, 남산을 통과하면 서울 도심 4대문 안으로 연결되는 광화문과 강남을 잇는 핵심 입지다.

가수 혜은이의 노래로 유명해진 제3한강교가 지금의 한남대교로 동호대교와 함께 강북과 강남을 연결하고 있으며, 강변북로로 강북의 동서가 연결된다. 또 지하철 1호선 용산역, 4호선 신용산역과 삼각지역, 6호선 이태원역과 경의중앙선 한남역 등 여러 지하철 노선이 동서남북으로 촘촘히 잘 연결되어 그야말로 사통팔달 교통의 요지가 바로 용산이다.

최근에는 임대료 상승과 경기침체로 열기가 다소 식었지만 골목상권의 대변신을 선도한 경리단길과 새롭게 떠오르고 있는 해방촌, 마치 외국에 온 듯한 착각이 들 정도로 이국적인 맛과 풍경을 자랑하는 이태원 상권은 용산의 또 다른 매력이기도 하다.

한남뉴타운 기본정보

용산은 슬픈 역사가 살아 숨 쉬는 지역이다. 고려 말기였던 13세기 말 침략한 몽골군이 일본 정벌을 위한 병참기지를 용산에 두었고, 조선시대 임진왜란과 을미사변 때는 왜군이, 병자호란과 임오군란 때 청나라군이 진을 치기도 했다.

용산의 본격적인 군기지화는 1904년 러일전쟁 당시 일본이 조선주차군사령부의 주둔지로 용산을 사용하면서 시작되었다. 그러다 6·25전쟁 후 최근까지 미군이 사용하다가 2004년 한미 간 합의로 미8군사령부가 평택으로 이전하면서 114년 만에 용산은 비로소 완전하게 우리 품으로 돌아왔다. 이렇게 돌아온 미군기지 이전 부지에는 265만 5천m²(약 80만 평)에 달하는 거대한 용산민족공

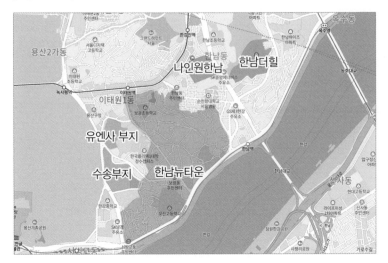

자료: 서울시

원이 조성될 계획이다. 그와 더불어 민족공원 인근의 한남뉴타운 가치는 더욱 상승할 것이다.

용산 한남뉴타운은 입지와 교통, 편의시설, 문화, 역사까지 갖춘 주거지로 강남 대체재로 손색이 없어 재개발 투자자라면 관심을 안 가질 수가 없는 투자처다. 이태원동 일대에는 대기업 총수 일가들이 거주하고 있으며, 1조 552억 원에 낙찰이 된 유엔사 부지에는 최고급 주택복합단지 개발이 예정되어 있다. 또 전통적인 부촌인 유엔빌리지를 비롯해 외인아파트를 재건축해 고급 주거단지로 탈바꿈한 나인원한남과 옛 단국대 부지를 개발해 최고 주거단지로 우뚝 선 한남더힐이 이미 신흥 부촌으로 자리를 잡고 있다. 한남뉴타운 개발이 완성되면 한남동 일대는 강남 못지않은 최고의 주거 단지로 우뚝 설 것이다.

한남뉴타운 구역별 정보

서울시 재개발 최대어인 한남뉴타운은 용산구 한남동 일대 111만 205m²의 부지를 재개발하는 사업이다. 한남 1구역에서 5구역까지 있는데 1구역은 아쉽게도 구역 해제가 되었다. 이태원역 주변 상권 활성화 및 구역 내 도로를 정비하면서 임대가격이 상승했고, 주택을 상가로 용도변경을 하는 소유자도 늘어나면서 상가 주인들의 반대로 조합설립을 위한 동의 요건을 채우지 못한 것이다. 반대하는 조합원들의 해제요청을 받아들인 서울시는 2017년 3월 구역을 해제했다. 필자는 그래도 재개발을 하는 것이 더 유리하다고 생각하지만 상가 주인의 입장에서는 재개발을 하는 것보다 상가를 보유하면서 월세를 받는 것이 더 이득이라고 판단했을 것이다.

역세권의 입지와 상권, 평지의 장점이 있는 2구역은 초등학교 이전이 취소 결정된 후 건축심의가 통과되었고 사업시행인가가 접수되면서 사업 속도를 내고 있다. 3구역은 규모도 크고 진행 속도도 한남뉴타운 구역 중에서 가장 빨라 기대를 한몸에 받고 있다.

4구역과 5구역은 재개발의 고질적인 문제인 조합장 문제로 주춤하고 있다. 하지만 서울 최고의 프리미엄인 한강 조망이 가능한

구역	조합원 수	건립세대 수	진행상황
1구역	751명	1,471세대	2017년 3월 정비구역 해제
2구역	929명	1,537세대	건축심의 통과 후 사업시행계획인가 준비 중
3구역	3,880명	5,816세대	사업시행계획인가 후 관리처분계획 준비 중
4구역	1,163명	1,965세대	조합설립인가 후 건축심의 준비 중
5구역	1,542명	2,359세대	조합설립인가 후 건축심의 준비 중

자료: 서울시클린업시스템

구역이기 때문에 조합장 문제만 해결되면 사업에 속도를 내면서 대표 구역으로 거듭날 것으로 기대된다.

앞에서도 말했지만 구역 해제가 된 1구역은 건축물의 높이 규제로 인해 타구역에 비해 사업성이 떨어지고, 이태원 상권으로 인해 상가수익성이 좋아 사업이 지지부진했다. 하지만 최근 코로나19로 인해 이태원 상권이 침체되면서 다시 재개발을 추진하자는 의견이 설득력을 얻고 있다.

2020년 9월 공공재개발 1호 신청을 했지만 아쉽게도 공공재개발 시범사업지로는 선정되지 못했다. 하지만 2021년 4월 보궐선거로 당선된 오세훈 시장이 재개발 규제 완화를 말하고 있는 만큼 주민들의 사업추진 의지에 따라 재개발사업이 다시 추진될 경우 우수한 입지의 1구역의 가치는 단번에 올라갈 것이다. 사업이 진행 중인 2구역에서 5구역의 상세한 내용은 다음 장에서 알아보자.

재개발 투자자들의 원픽
용산 한남뉴타운 2

한남 2구역

용산구 보광동 265번지 일대 한남 2구역은 사업시행계획인가가
접수된 상태이지만 기대보다 빠른 속도를 내지는 못하고 있다가,
2020년 8월 서울시 건축위원회 건축심의를 통과했고 사업시행계
획인가를 접수했다.

  건축심의는 사업시행계획인가의 사전절차로 2020년 9월 23일
까지 사업시행계획을 접수하지 못하면 임대주택 의무 최고 비율
30%가 적용될 위기도 있었으나 다행히 22일 접수를 완료하면서

| 한남뉴타운 구역도 |

자료: 서울시

| 한남 2구역 개요 |

구분	내용
구역명	한남 2구역
위치	서울시 용산구 보광동 272-3번지 일대
진행 단계	사업시행인가 접수 상태
면적	115,005m²
건폐율/용적률	60%/203%
조합원 수	929명
건립세대 수	총 1,537세대(임대 238세대)

임대주택 의무비율 상향은 피해 15%로 결정되었다.

한남 2구역은 북쪽 이태원 상권과 서쪽 앤틱가구거리를 포함하고 있어 해제된 1구역과 함께 상권이 활성화되어 있는 독특한 재개발 구역이다. 구역에서 제외된 이태원 관광특구의 일부 제적 지역은 특별건축구역의 적용을 받아서 용적률 상향을 통한 업무시설의 개발이 추진되고 있다. 향후 잘 개발되면 이태원 상권과 연계한 관광·쇼핑·업무 지구와 주거단지가 어우러지는 멋진 재개발 구역이 될 수 있을 것 같다.

2018년 서울교육청에서 2구역 내 보광초등학교 이전 재검토를 조합에 통보했다. 보광초등학교를 이전하지 않고 존치(存置)하는 것으로 정비계획안을 다시 수립해 건축심의를 통과함으로써 초등학교 이전비용 및 건축비용을 절감할 수 있게 되었다. 이는 이태원 관광특구 지정으로 1,537세대로 줄어든 세대 수 감소의 이익손실 부분을 상쇄할 수 있고, 이태원 상권과 연계된 종상향 가능성도 있어 사업성이 개선될 여지가 커졌다고 볼 수 있다.

한남 2구역은 6호선 이태원 역세권인 데다 타구역 대비 비교적 평지에 가깝고 지분 쪼개기가 없으며 동간 거리가 넓어 일조량 확보 등 주거 쾌적성이 높을 것으로 기대된다. 또 앤틱가구거리 활성화 등 차별된 디자인 특화에도 많은 노력을 하고 있다.

다만 한강 조망이 어렵고 보광초등학교 존치 결정으로 상권이 초등학교 환경에 좋지 못한 영향을 줄 수 있다는 점은 다소 아쉽다. 또 1구역처럼 상권 활성화로 인해 일부 상가 및 상가주택 소유주들의 반대 목소리가 높아질 수도 있어 타구역보다 개발진행 속도가 늦어질 수 있는 점은 단점이다.

한남 3구역

남쪽은 한강, 북쪽은 남산이 인접한 전형적인 배산임수 지형인 용산구 한남동 686번지 일대를 재개발하는 한남 3구역은 건립세대 수가 5,816세대로 한남뉴타운 전체 건립세대 수의 1/3을 차지할 정도로 규모가 가장 크다. 그리고 재개발사업에서 중요한 개발진행 속도가 가장 빠르다. 2019년 3월 사업시행계획인가를 받으면서 재개발사업의 큰 산을 넘었다.

한남 3구역은 총 사업비가 7조 원에 육박할 정도의 천문학적인 금액으로 여러 대형 건설회사가 눈독을 들였는데, 결국 현대건설의 품으로 돌아갔다. 향후 한남 3구역 개발이 완료되면 강남 반포에 버금가는 고급 아파트 단지로 거듭날 것이다. 특히 한강이 조망되는 세대는 강남의 가치를 뛰어넘을 수도 있다.

다만 고저차(高低差)가 심한 구릉지가 많은 것은 단점이다. 그러나 지형의 특성에 맞게 다양한 형태의 주택과 더불어 남산에서 한강으로 이어지는 구릉지형을 역세권, 조망권, 테라스하우스, 용산민족공원과 상업시설 접근성 등으로 특색화한 7개의 블록으로 설계함으로써 단점을 장점으로 변화시키려고 노력하고 있다.

| 한남 3구역 개요 |

구분	내용
구역명	한남 3구역
위치	서울시 용산구 한남동 686-0번지 일대
진행 단계	사업시행인가 후 관리처분 준비 중
면적	386,395.5m²
건폐율/용적률	42%/232%
조합원 수	3,880명
건립세대 수	총 5,816세대(임대 876세대)

과거에 지분 쪼개기가 많아서 일반분양 물량이 줄어들 수 있고, 구릉지 지형으로 고층 개발이 어려워 동 간 거리가 좁아질 가능성도 있어서 타구역 대비 개발이익률이 다소 낮을 수 있다는 점도 단점이다.

3구역 건축심의 당시 제출했던 공부상 사업면적과 실제로 측량한 사업면적에 차이가 있어서 촉진계획 변경으로 인해 사업이 지연될 우려가 있었다. 하지만 촉진계획이 무사히 변경되어 사업시행계획인가까지 마무리되었고 일반분양 물량도 계획보다 많은 162세대가 증가했다.

시공사 선정 과정에서 잡음도 있었지만 현대건설로 시공사 선정도 완료되었으며 관리처분계획인가를 준비 중이다.

탁월한 입지의 대규모 랜드마크 아파트, 기존 지형을 보전하면서 한강과 남산 조망을 살려 특화된 설계 등은 한남 3구역의 가치를 크게 높일 것이다.

한남 4구역

용산구 보광동 360번지 일대 한남 4구역은 조합설립인가 후 건축심의를 준비 중이다. 개발 속도가 느린 편이지만 한남뉴타운 중심에 위치해 핵심축을 형성하는 구역으로, 좌측에는 한남대교 우측에는 반포대교가 있어 교통망이 매우 편리하다. 3구역, 5구역과 함께 한강 조망이 가능하고 일반분양 비율이 높아서 사업성이 좋다.

한남 4구역은 지분 쪼개기가 거의 없고 조합원 수가 적어 일반분양 물량이 많을 것으로 예상된다. 종교시설이나 학교 이전 등의 문제도 없어 추가비용 발생 가능성이 낮기 때문에 수익성 측면에서는 가장 좋은 구역이다. 또 신분당선 3단계 연장선 보광역이 예정되어 있어 미래가치도 높다.

다만 조합장을 비롯한 임원진이 「도시 및 주거환경정비법」 위반 등의 혐의로 조합장 지위가 상실되었고, 서울시와 용산구의 합동실태조사도 예정되어 있어서 사업이 지연될 가능성이 있다. 조합장과 임원들은 일부 사퇴했고 그동안 대행체제로 진행되었다. 2020년 11월 14일 임시총회를 개최해서 조합장과 임원진을 선출할 계획이었으나 성원 미달로(과반수에 81명 부족) 무산되었으며, 조

구분	내용
구역명	한남 4구역
위치	서울시 용산구 보광동 360-0번지 일대
진행 단계	조합설립인가 후 건축심의 준비 중
면적	162,030m²
건폐율/용적률	60%/210%
조합원 수	1,163명
건립세대 수	총 1,965세대(임대 335세대)

합에서는 2021년 4월 17일 정기총회를 계획해 조합장을 선출할 계획이다.

사업성이 좋고 비교적 평지이며 한강 조망이 가능하다. 또 지분 쪼개기 물건이 거의 없고 종교시설이나 학교 이전 문제가 없는 점은 장점이다. 하지만 대지지분이 큰 물건이 대부분이라 초기 투자 금액이 많이 들어가는 점은 투자자들 입장에서는 다소 부담스러울 수 있다.

4구역 안에 위치한 신동아 아파트의 존치 문제도 논란이 있었지만 일단 조합에서는 함께 간다는 입장을 밝힘으로써 현재 신동아는 4구역에 포함되었고, 4구역 중심 상가도 함께 포함되어 개발 예정이다. 다만 보광빗물펌프장 제거는 구청과 계속 협의 중에 있으며 관리처분 때까지 결정되기는 쉽지 않아 보인다.

한남 5구역

서울시 용산구 동빙고동 60번지 일대 한남 5구역은 조합설립인가 후 건축심의 준비 중이다. 입지가 좋고 상대적으로 지형이 완만한 편이며 한강 바로 앞에 위치해 있어서 한강 조망이 뛰어나 한남뉴타운 내에서도 최고의 입지를 자랑하는 구역이다.

남향으로 한강을 바라볼 수 있다는 것은 매우 큰 매력인데, 개발되면 한강을 조망할 수 있는 아파트는 대략 50% 정도 나올 것으로 예상된다. 초·중·고등학교가 모두 인접해 있고 용산민족공원도 가까우며 반포대교를 건너면 바로 강남으로 연결되기에 입지와 교통 환경 모두 합격점이다. 향후 신분당선 동빙고역이 개통할 예정으로 미래가치도 높다.

| 한남 5구역 개요 |

구분	내용
구역명	한남 5구역
위치	서울시 용산구 동빙고동 60-0번지 일대
진행 단계	조합설립인가 후 건축심의 준비 중
면적	186,781m^2
건폐율/용적률	60%/223%
조합원 수	1,542명
건립세대 수	총 2,359세대(임대 403세대)

하지만 서울시의 높이 제한으로 50층 계획이 23층으로 변경되었고, 타구역 대비 지분 3.3m²(평)당 가격이 다소 비싼 점은 단점이다. 또 조합장 공석(空席)과 서빙고 변전소 이전이 확정되지 않아 사업이 지연되고 있었는데 조합장이 선출되고 서빙고 변전소 이전 합의가 이루어지면서 촉진계획 변경 중이며 빠른 사업추진이 기대되고 있다.

한남 5구역은 4구역처럼 지분 쪼개기 물건이 거의 없는 반면, 단독주택 등 대지지분이 큰 물건이 많아 소액투자는 좀 부담스러울 수 있다. 사업 기간이 길어질 수 있다는 점을 미리 감안해 가급적 여유자금으로 장기투자 계획을 세우는 것이 좋겠다.

낙후된 구도심의 변신
한강로구역 도시환경정비사업 1

한강로구역 도시환경정비사업 기본정보

한강대교 북단부터 신용산역과 삼각지역을 지나 캠프킴(미8군사령부)까지 대로변을 따라 형성된 한강로는 용산의 심장과 같은 곳으로 미래로 성장하는 용산의 출발점이라 할 수 있다.

　용산은 한강로구역 도시환경정비사업과 용산민족공원 개발사업 등 대형 개발사업이 진행되고 있다. 용산 캠프킴는 3,100가구로, 용산정비창 부지는 용적률이 상향되면서 당초 8천 가구에서 1만 가구로 개발될 예정이다.

자료: 문화일보

예전 용산에 갈 때마다 '서울의 중심지인데 왜 이렇게 발전이 되지 않고 구도심에서 벗어나질 못할까?' '이렇게 정비되지 않은 용산이 과연 서울의 중심 용이 될 수 있을까?' 하는 의구심이 들었던 것이 사실이다.

하지만 몇 년 전부터 용산, 특히 한강로 부근에 가보면 어느 순간 천지개벽된 한강로의 모습을 보고 느낄 수 있다. 2017년 아모레퍼시픽 사옥(용산국제빌딩 1구역)과 래미안용산더센트럴(용산역 전면 3구역 재개발) 등 대규모 신축 건물의 개발이 속속 완료되면서 낙후된 구도심에서 미래가치의 기대감이 높은 신도심으로 변신하고 있는 것이다.

용산은 서울의 핵심 요지에 자리 잡고 있는 도심 지역임에도 더 이상의 성장이 없는 성숙기 지역이라고 말하는 사람도 많지만 사실은 여전히 인구가 증가하고 발전하는 성장기 지역이다. 이런 용산의 성장 중심에는 한강로구역 도시환경정비사업이 있다.

한강로구역 도시환경정비사업 구역별 정보

용산 한강로구역 도시환경정비사업 중 재개발 투자자들이 관심을 가져야 할 구역은 개발이 완료되거나 마무리 단계인 국제빌딩과 용산역 전면구역을 제외한 삼각지역 부근 158번지 일대와 신용산역 북측 1, 2구역, 정비창 전면 1, 2, 3구역이다.

삼각지역 부근 한강로1가 158번지대 도시환경정비사업은 풍부한 잠재력에도 불구하고 조합설립 후 5년 동안 사업이 진행되지 못했다. 개발을 반대하는 조합원과 조합 집행부의 혼선 등의 이유로 건축심의를 받고서도 사업시행계획인가를 받지 못한 채 사업이 계속 지체된 것이다. 그러나 2017년부터 새로운 조합 집행부를 선출하게 되면서 다시 사업 속도를 내고 있다.

신용산역 북측 1구역은 용산파크e편한세상아파트와 벽산메가트리움 주상복합아파트 사이에 위치한 삼각지역 역세권 지역으로 캠프킴(미8군사령부, 평택 이전) 개발사업의 가장 큰 수혜를 받을 수 있는 구역이다. 2017년 조합설립 후 사업 추진 중에 있으며 업무

| 한강로구역 도시환경정비사업 구역별 진행상황 |

사업장명	조합원 수	건립세대 수	진행상황
삼각지역 158번지 일대	265명	476세대	사업시행계획인가 준비 중 (한강로1가)
신용산역 북측 1구역	106명	218세대	사업시행계획인가 준비 중 (한강로2가)
신용산역 북측 2구역	98명	324세대	사업시행계획인가 후 관리처분 준비(한강로2가)
신용산역 북측 3구역			소단위정비(관리)방식으로 변경
정비창 전면 1구역	376명	777세대	구역 지정 후 조합설립 준비 중
정비창 전면 2구역			소단위정비(관리)방식으로 변경
정비창 전면 3구역			정비구역 지정

시설 1동과 주거시설 2동으로 개발할 계획이다.

신용산역 북측 2구역은 대우아이빌 오피스텔과 신용산역 사이에 위치해 용산역과 신용산역 접근성이 좋다. 개발이 완료되면 현재 입주해 있는 래미안용산과 함께 용산의 중심 지역으로 자리 잡을 것으로 기대된다. 현재 사업시행계획인가 고시가 완료되었고 지하 7층 지상 33층 2-1획지와 2-2획지로 구분해 개발될 계획이다.

한강로3가에 위치한 정비창 전면구역은 2013년 계획해 실패로 돌아갔던 국제업무지구 바로 초입에 위치하고 있으며 1구역과 2구역(2-1, 2-2, 2-3), 3구역으로 나뉜다. 수년 동안 잠잠했던 정비창 전면구역은 용산국제업무지구의 소송이 막바지에 접어들고 2018년 4월 5일에 정비구역으로 지정되면서 다시 활력을 찾고 있다. 용산 정비창 부지는 용적률이 상향되어 당초 계획이었던 8천 가구보다 2천 가구를 추가 공급해 총 1만 가구를 공급할 계획이다.

참고로 용산은 정비창 부지와 인근 한강로동, 이촌2동 일대 사업구역 13개소가 2021년 5월 19일까지 토지거래허가구역으로 지정되어 있어 용도별로 일정 규모(주거지역 18m² 초과, 상업지역 20m² 초과 등) 초과 토지거래 시 시·군·구청장의 허가를 받아야 하니 주의가 필요하다.

한남뉴타운과 더불어 미래의 용산을 이끌어갈 한강로구역 도시환경정비사업. 그중 관심을 가질 필요가 있는 삼각지역 부근 한강로1가 158번지 일대와 신용산역 북측 1구역과 2구역, 정비창 전면 1, 2, 3구역에 대해 다음 장에서 자세히 알아보도록 하자.

낙후된 구도심의 변신
한강로구역 도시환경정비사업 2

한강로1가 158번지 일대

한강로1가 158번지 일대 도시환경정비사업은 지하철 4호선과 6호선 삼각지역과 용산민족공원에 가깝다. 남쪽으로 민족공원과 한강 조망이 가능하고 서쪽으로는 남산 조망이 가능해 교통과 환경, 문화와 역사를 모두 가지고 있는 입지를 자랑한다.

원래 전쟁기념관 전면구역과 한강로1가 158번지 구역은 별개의 구역이었다. 그러나 남산 조망권과 협소한 전쟁기념관 전면구역의 사업성 문제로 전쟁기념관 전면구역을 민족공원과 연결되는

| 한강로구역 도시환경정비사업 |

자료: 서울시

호국공원으로 개발하는 등 두 구역을 묶어 통합 개발하는 방식의
도시환경정비사업으로 진행하고 있다. 이런 통합 개발은 도시경관
을 해치지 않으면서 사업성도 개선할 수 있는 좋은 개발 사례로 남
을 것이다.

또 서울 재개발사업의 고질적 문제인 지분 쪼개기 물건이 거의
없고, 집합건물이 아닌 단독주택 등 단독 건물이 많아서 일반분양

구분	내용
구역명	한강로1가 158번지 일대
위치	서울시 용산구 한강로1가 158번지 일대
진행 단계	사업시행인가 준비 중
면적	41,744m²
건폐율/용적률	23%/448%
조합원 수	265명
건립세대 수	총 476세대

물량 증가로 인한 수익성 개선이 예상된다. 종상향을 통한 용적률 인센티브까지 적용받을 경우 조합원들의 수익은 더 높아질 것으로 기대된다.

하지만 이런 우수한 입지와 좋은 사업성을 갖추고 있음에도 불구하고 건축심의(2013년 11월 30일) 이후 5년 동안 사업시행계획인가를 신청하지 못했다. 이유는 역시나 조합 내부의 문제다. 조합 집행부와 반대하는 조합원들과의 소송과 갈등으로 조합이 조합원들의 지지를 받지 못했다. 건축심의 후 사업시행계획인가를 오랫동안 받지 못한 채 사업이 지연되고 있는 데다 다시 건축심의를 받아야 하기에 투자자들에게는 큰 부담이 될 수밖에 없다.

용산의 도시환경정비사업뿐만 아니라 대부분의 재개발사업은 일반 아파트 투자보다 투자금액이 더 큰 경향이 있다. 사업 기간이 길어질수록 투자자금이 묶이는 동시에 사업성이 떨어지면서 조합원들한테 그 부담이 고스란히 돌아간다. 결국에는 사업 진행이 더 어려워지는 악순환의 고리가 반복되는 것이다.

빠른 시일 내에 조합의 새 집행부가 결성되어 다시 사업 진행을 시작해 조합원들의 마음을 얻는다면 우수한 입지의 강점을 살려 좋은 재개발 구역으로 회생할 것이다. 여유 자금으로 장기간 시간과의 싸움을 할 수 있는 투자자라면 입지적 장점이 큰 한강로 158번지 일대 도시환경정비사업에 관심을 가져봐도 좋겠다.

신용산역 북측 1구역

2015년 7월 구역 지정이 된 신용산역 북측 1구역은 용산파크e편한세상아파트와 벽산메가트리움 주상복합아파트 사이에 위치한 삼각지역 초역세권이다. 캠프킴 개발사업의 영향을 받을 수 있는 구역으로 업무시설 1동과 주거시설 2동으로 개발할 계획이다.

2017년 7월 12일 조합설립인가를 받으면서 본격적인 개발이 시작된 신용산역 북측 1구역은 한강로1가 158번지 일대와 함께 4, 6호선 삼각지역 역세권의 편리한 교통 및 남산과 용산민족공원, 한강 조망이 가능하다. 용산이 가지고 있는 모든 혜택을 누릴 수 있는 곳으로 무엇보다 초등학교가 인근에 없는 158번지 일대와 달리 초등학교도 인접해 있다.

구분	내용
구역명	신용산역 북측 1구역
위치	서울시 용산구 한강로2가 2-116번지 일대
진행 단계	조합설립인가 후 사업시행계획인가 준비 중
면적	14,343m²
건폐율/용적률	41%/829%
조합원 수	106명
건립세대 수	총 324세대(임대 36세대)

그리고 재개발조합의 고질적 문제인 조합 내부의 문제도 없어 신용산역 북측 1구역의 동의율은 무려 84.91%나 된다. 이렇게 동의율이 높은 이유는 구역 내 32% 정도의 토지를 소유한 금성출판사가 대주주로 참여했기 때문이다. 조합과 금성출판사 측은 회사 사옥 신축 문제 등 현안을 집중 협의하고 있다.

또 조합원 수가 100여 명 정도밖에 되지 않아서 먼저 사업을 추진했지만 조합 내부 문제로 주춤하고 있는 158번지 구역보다 개발 속도가 더 빨라질 수도 있다. 다만 대주주로 참여한 금성출판사와의 협의가 좋은 결과로 연결되지 않을 경우 이것이 오히려 독이 될 수도 있다.

2020년 10월 도시계획위원회 심의 결과 용적률이 완화(기존 829%에서 960%로 상향)되면서 임대주택 36세대 포함 총 324세대를 건립하는 것으로 정비계획 변경안이 통과되었다. 지하 4층 최고 35층, 업무시설 1개동 및 주거시설 2개동, 총 324세대로 개발될 예정이다.

신용산역 북측 1구역 주변 캠프킴 부지 5만m²가 3,100가구의 주거 및 상업시설로 복합개발이 예정되어 있고 삼각맨션 특별계획 구역, 용산공원 예정구역 등도 계획되어 있다. 삼각지역 일대가 현재의 낙후된 모습과 전혀 다른 모습으로 변신할 날이 멀지 않았다.

신용산역 북측 2구역

용산구 한강로2가 2-194번지 일대 노후 지역을 도시환경정비사업을 통해 주거시설 2동과 업무시설 2동으로 개발할 예정인 신용산역 북측 2구역은 현재 사업시행계획인가를 받아서 북측 1구역보다 사업 속도가 더 빠르게 진행되고 있다.

대우아이빌 오피스텔과 신용산역 사이에 위치하고 있는 신용산역 북측 2구역은 지하철 1호선, 4호선, KTX, ITX, 경의중앙선 등 다양한 지하철 및 고속철도가 연결되어 있다. 향후 GTX와 신분당선까지 예정되어 있어 교통의 요지로 거듭나는 용산역의 혜택을 고스란히 받으면서 용산의 중심으로 자리 잡을 것이다.

2구역은 1구역보다 면적은 넓지만 조합원 수는 적고 건폐율과 용적률은 높다. 조합과 조합원들이 손발을 잘 맞춰 추진한다면 예

구분	내용
구역명	신용산역 북측 2구역
위치	서울시 용산구 한강로2가 2-194번지 일대
진행 단계	사업시행인가 후 관리처분 준비 중
면적	22,380m²
건폐율/용적률	58%/956%
조합원 수	98명
건립세대 수	총 330세대(임대 30세대)

상보다 더 빠르게 사업 진행이 가능하다. 그동안 좋은 입지임에도 불구하고 저평가된 북측 2구역 사업에 대한 투자자들의 관심도 덩달아 높아질 것이다.

2-1구역(건폐율 58%, 용적률 956%)과 2-2구역(건폐율 50%, 용적률 399%)으로 지하 7층 지상 33층 총 5개동 공동주택 업무시설(오피스텔·사무소), 판매시설로 건축될 예정이다.

정비창 전면 1구역

한강로3가 40-641번지 일대를 정비하는 정비창 전면 1구역은 용산국제업무지구와 연계 개발하기 위해 특별계획구역으로 추진되었던 곳이다. 2008년 글로벌 금융위기로 인한 경기침체, 2009년 국제빌딩 4구역에서 발생한 용산참사 등 악재, 2013년 부동산 경기침체와 시행사의 자금난으로 용산국제업무지구 사업이 무산되었고, 정비창 전면 1구역 역시 철도정비창 부지 소송, 기부채납 부지의 위치에 따른 갈등으로 10년 정도 장기 표류되었다.

하지만 2018년 4월 5일 정비구역으로 지정되면서 조합설립인가를 목표로 다시 기지개를 펴고 있다. 서울시(용산역세권개발 용역)와 용산구(용산지구단위계획수립용역)는 새로운 도시정비계획을 수립 중으로 한강로 도심과 부도심 기능을 연계한 업무지구나 주상복합 아파트, 호텔 등으로 개발될 예정이다.

용산 정비창 전면은 용산국제업무지구 남동쪽에 위치한 주거지역으로 1구역(7만 1,901m²)과 2구역(4,375m²), 3구역(5,805m²)으로 나뉘어져 있다. 정비계획안에 따르면 1구역과 3구역을 종상향하는 계획도 포함되어 있고, 우수디자인 공동주택 건축심의 후 인정되면 최고 높이 120m로 주상복합 건축도 가능하다.

용산 정비창 전면 1구역은 정비창 구역 전체 면적의 80% 정도를 포함하는 큰 구역이다. 준주거지역과 상업지역으로 종상향이 되어 세대 수가 증가하면 사업성이 많아져 조합원들 수익이 늘어날 수 있다. 연립주택, 다세대주택의 비율이 낮고 지분이 큰 단독주택과 상가건물의 비율이 높으며 지분 쪼개기 물건이 거의 없는 점은 장점이다.

반면 투자금액이 많이 들어가 소액투자가 어렵고 사업 초기 단

구분	내용
구역명	정비창 전면 1구역
위치	서울시 용산구 한강로3가 40-641번지 일대
진행 단계	정비구역 지정 후 조합설립 준비 중
면적	71,901m²
건폐율/용적률	60%/330~600% 이하(용도지역에 따라)
조합원 수	376명
건립세대 수	총 777세대(임대 99세대)

계라 오랜 기간 동안 많은 투자자금이 묶여야 하는 점은 분명 부담이며 기부채납 비율이 25%인 점도 마이너스 요인이지만 공원과 공공용지 등으로 잘 조성된다면 오히려 단점이 장점으로 개선될 수도 있을 것 같다.

정비창 전면 2구역

용산 정비창 전면 2구역은 한강로3가 전면에 위치한 상업지역이다. 정비창 3개 구역 중 면적이 가장 작고 조합원 수도 10여 명 정도로 소규모여서 4개 구역으로 나누어서 소단위 정비방식으로 진행될 예정이다. 전 조합원의 동의가 있어야 개발이 가능하기에 일반 투자자들이 접근하기에는 쉽지 않을 것 같다. 참고로 소단위 정비 방식이란 도시정비를 스스로 건축허가를 받아 진행하는 방식으로 용적률이 높은 상업지역의 경우에는 큰 규모로 건축할 수 있는 장점이 있다.

정비창 전면 3구역

용산구 한강로3가 40-19번지 일대를 정비하는 용산 정비창 전면 3구역은 1구역과 같이 최고 100m, 29층 이상 주상복합 건물을 지을 수 있다. 한강대교 북단을 지나면 정비창 전면 3구역이 위치한 웨딩코리아 건물을 볼 수 있는데 그 뒤 단독주택 등은 예전에는 큰 손들 위주로 투자가 이루어졌던 곳이었다. 하지만 2008년 글로벌 금융위기와 국제빌딩 전면 4구역에서 발생한 용산참사, 용산국제업무지구 사업난항, 침체된 부동산시장 분위기 등의 영향으로 오랜 침체를 겪기도 했다. 쉽지는 않겠지만 정비창 전면 3구역의 사업성이 개선되고 고층 건물이 세워질 경우 한강 조망을 갖춘 탁월한 입지의 장점 때문에 일반 투자자들보다는 큰손들이 들어올 가능성이 있다.

| 정비창 전면 3구역 |

구분	내용
구역명	정비창 전면 3구역
위치	서울시 용산구 한강로3가 40-19번지 일대
진행 단계	정비구역 지정
면적	5,805m^2
건폐율/용적률	60%/740% 이하

마포의 신흥 부촌
아현뉴타운 1

다음은 신흥 부촌 마용성(마포·용산·성수) 중 마포의 핵심 지역이 아현뉴타운이다. 아현뉴타운은 2003년 지정된 12개 서울 2차 뉴타운 중 하나로 마포구 아현동·염리동·공덕동 일대 1,088,094m²(약 33만 평) 면적에 1만 8,500세대 규모로 개발되는 사업이다.

아현 2구역이 관리처분계획 후 공사 중이며 나머지 구역들은 대부분 개발이 완료되었다. 이 책에서는 재개발 중이거나 계획 중인 재개발 구역 위주로 선별해 소개하고 있지만, 마포 재개발을 말하지 않으면 앙꼬 없는 찐빵과 같아서 개발이 완료되었지만 아현뉴타운을 중심으로 마포 재개발을 설명하도록 하겠다.

아현뉴타운 기본정보

마포 아현, 공덕 일대는 일제 강점기부터 노후 주택이 밀집한 곳으로 난개발이 심한 낙후된 지역이었지만 지하철 노선이 하나둘 개통되면서 교통의 요지가 되었고, 뉴타운 개발로 천지개벽이 되었다. 아현뉴타운은 지하철 2호선을 비롯해 지하철 5호선, 6호선, 공항철도, 경의중앙선 등 교통의 요지이자 강남, 광화문, 종로, 여의도, 상암 등 서울 주요 업무지역 출퇴근이 용이한 직주근접의 최고 지역이다.

단점으로 거론되던 교육환경도 점점 좋아지고 있다. 공덕역과 대흥역 사이 백범로 학원가는 점점 더 유명세를 타고 있고 연세대·서강대·이화여대·홍익대 등 서울의 유명 대학교와 아현초·용강초·한서초등학교와 아현중·서울여자중·송문중·동도중학교, 한성고·송문고·서울여고 등 학교도 잘 갖춰져 있다.

아현뉴타운 구역별 정보

아현뉴타운은 마포 아현·염리 일대 10개 구역으로 되어 있다.

아현 1구역은 구역 지정 당시 3개 구역으로 나누어 개발했지만 현재는 1-3구역만 사업이 완료되었고 나머지 구역은 2014년 무산되었다가 최근 주민의 요청에 의해서 다시 구역 지정을 받기 위한

자료: 월급쟁이부자

신청을 준비하고 있다.

　5호선 애오개역 역세권에 위치한 아현 1-3구역은 아현아이파크
라는 이름으로 2017년 2월 입주한 492세대 새 아파트다. 단지 설
계도 잘 되었고 동 간 거리가 넓어 쾌적하지만 세대 수가 500세대
가 채 안 되다 보니 매매가격이 상대적으로 타구역에 비해 조금 저
평가되어 있다. 마포래미안푸르지오 등 마포 내 인기 아파트와의
상대적 비교 때문에 그렇지 좋은 아파트임에는 분명하다.

　아현 2구역은 지하철 2호선 아현역 초역세권의 우수한 입지 때

| 아현뉴타운 구역별 진행상황 |

구역	세대 수	진행상황
아현 1구역		정비예정구역
아현 1-3구역	497세대	아현아이파크(2017년 11월) 입주
아현 2구역	1,419세대	2023년 초 입주 예정
아현 3구역	3,885세대	마포래미안푸르지오(2014년 9월) 입주
아현 4구역	1,164세대	아현동 공덕자이(2015년 4월) 입주
공덕 5구역	794세대	공덕래미안5차(2011년 8월) 입주
염리 2구역	927세대	마포자이3차(2018년 9월) 입주
염리 3구역	1,694세대	마포프레스티지자이(2021년 3월) 입주
염리 4구역		2015년 구역 해제
염리 5구역		2015년 구역 해제

문에 관심이 높은 구역이다. 2016년 관리처분계획인가 후 조합원 동·호수 추첨과 이주를 완료했고 착공에 들어갔다. 2023년 497세 대 새 아파트로 입주 예정이다. 부동산은 첫째도 입지 둘째도 입지 인 만큼 아현 2구역은 입주 후에도 일명 '마래푸'로 통하는 마포래 미안푸르지오(3구역)와 함께 아현뉴타운의 대표 랜드마크로 자리 잡을 것이다.

마포래미안푸르지오는 아현 3구역을 재개발해 2014년 입주한 대단지 아파트로 아현뉴타운을 넘어 마포의 랜드마크로 자리 잡았 다. 51개동 최고 30층 3,885세대의 대단지, 특화된 단지설계와 커뮤니티시설, 풍부한 편의시설과 하늘공원 등 녹지환경으로 단숨에 마포의 정상에 올라 마포 아파트시장을 이끌고 있다.

아현 4구역을 재개발해 2015년 1,164세대 대단지 아파트로 입주한 공덕자이는 상가가 다소 부족하지만 단지 설계가 좋고 5호선 애오개역 역세권에 2호선 아현역도 도보로 이용할 수 있어 직장인 수요에 인기가 높다.

공덕 5구역(공덕래미안5차)은 아현뉴타운의 첫 번째 신축 아파트로 한때 부동산시장 침체로 어려움을 겪기도 했지만 우여곡절 끝에 2011년 794세대 아파트로 입주했다. 지하철 5호선, 6호선, 공항철도, 경의선의 쿼터 역세권인 공덕역의 우수한 교통환경이 장점이지만 세대당 주차공간이 1.2 이하로 낮은 점은 다소 아쉽다.

염리 2구역(마포자이3차)은 2018년 2월 최고 25층 12개동 927세대 새 아파트로 입주했다. 공덕역 쿼터 역세권뿐만 아니라 2호선 이대역도 이용할 수 있어 교통환경이 좋고 새롭게 떠오른 마포 학원가 이용 편의성도 좋다.

염리 3구역(마포프레스티지자이)은 2호선 이대역과 6호선 대흥역을 도보 이용이 가능하며 1,694세대 대단지 아파트로 2021년 3월 말 입주를 시작했다.

염리 4구역과 염리 5구역은 입지가 우수하고 사업성도 좋았는데 2015년 구역 지정이 해제되었다. 재개발사업을 반대하는 조합원이 많아 사업이 제대로 추진되지 못했기 때문인데, 이대역 역세권의 임대수익이 좋은 상권이 오히려 발목을 잡았다.

아현뉴타운은 아니지만 대흥 2구역과 3구역도 아현뉴타운과 함께 마포의 미니 신도시 완성에 중요한 축이 되고 있다. 대흥 2구역(신촌그랑자이)은 2017년 착공에 들어가 2020년 1,248세대 새 아파트로 입주했다. 2호선 이대역 역세권에 창전초등학교와 창전중학교가 인근에 있어 교육환경도 불편함이 없다. 단지 전체가 평지로 고급 단지로 개발 중이며 커뮤니티시설도 수영장, 사우나까지 있어서 주민들의 편의성이 극대화되는 것은 장점이지만, 단지 사이를 가로지르는 도로가 있고 그 도로를 기준으로 1단지와 2단지로 나눠지는 것은 다소 아쉽다.

대흥 3구역(마포자이2차)은 2014년 입주한 588세대 아파트로 6호선 대흥역 역세권이며 2호선 신촌역도 도보 이용이 가능하다. 초·중·고등학교와 마포 백범로 학원가 접근성이 좋아 교육환경도 좋으며, 일부 고층에서는 한강 조망도 된다. 단지 내 상가는 다소 부족하지만 공덕역 상권이용이 가능해 크게 불편하지 않다.

다음 장에서 아현뉴타운 중 재개발사업을 추진 중인 아현 1구역과 입주 예정인 아현 2구역, 염리 3구역에 대해 상세히 알아보도록 하자.

마포의 신흥 부촌
아현뉴타운 2

아현 1구역

아현동 699번지 일대 아현 1구역(가칭)은 입지만 보면 아현뉴타운 중에서 절대 빠지지 않는다. 지하철 2호선과 5호선 이용이 가능하고, 마포의 랜드마크인 마포래미안푸르지오(아현 3구역)와 공덕자이(아현 4구역), 북아현뉴타운이 인접해 있으며, 서울역·종로·광화문·여의도 이용이 용이한 직주근접이 좋은 지역이기 때문이다. 봉래초등학교와 환일고등학교가 주변에 있으며 대치·목동과는 비교할 수 없지만 그래도 마포 백범로 학원가 성장은 교육환경 불안감

| 아현 1구역 |

자료: 서울시

을 달래주고 있다.

아현 1구역은 개발 당시 1-1, 1-2, 1-3구역으로 나누어 진행했지
만 1-1, 1-2구역은 2014년 무산되었다. 1-3구역은 환지방식에서
관리처분방식으로 전환해 아현아이파크만 2017년 입주까지 마무
리되었다.

전체 건축물 중 약 76.5%가 노후 건축물로서 주거환경이 열악
해 2018년 재개발정비구역 지정 사전 타당성 조사 관련 주민의견

조사를 실시했다. 토지 소유자 2,116명 중 57.9%인 1,225명이 찬성했고, 정비구역 지정을 위해 건축물의 건축 및 토지 분할 등 행위가 제한되고 있다. 마포구청은 정비기반시설계획, 교통환경영향평가 등 타당성 조사를 완료했고 그 결과에 따라 정비계획수립 및 정비구역 지정 신청을 위해 2020년 12월 공람 공고했다.

원점에서 다시 시작하는 만큼 아직은 상당히 긴 시간이 걸리겠지만 우수한 입지를 감안하면 장기투자 측면에서 충분히 관심을 가져볼 만하다. 타구역에 비해 다소 높은 구릉지 형태가 단점이지만 조망을 확보할 수 있기에 큰 문제라 할 수는 없다.

아현 1구역은 단독주택과 빌라가 대부분이고 상가 비율이 적으며 구역 내 존치나 대토(代土)해야 할 시설도 없어서, 사업이 진행되기만 한다면 생각보다 빠르게 진행될 수 있다. 하지만 30% 정도로 알려진 공유지분 물건이 많고 면적 대비 조합원 수가 많은 편이어서 건립세대 수 대비 조합원 비율을 감안하면 사업성이 높아 보이지는 않는다. 계획처럼 3,300세대로 건축한다면 공유지분 포함 조합원 수가 2,800명 정도 될 것이고, 임대주택까지 감안하면 조합원의 사업성을 유리하게 해주는 일반분양 물량이 많이 나오기는 어렵기 때문이다.

만약 공유지분 물건을 매수하는 경우라면 소유권의 구조와 지분구조를 잘 따져봐야 한다. 또 2010년 7월 16일 이후 기본계획이 수립된 구역은 시·도지사가 정한 권리산정기준일이 분양자격 기준일이 되기 때문에 구역 지정 이후 권리산정일을 확인하는 것

구분	내용
구역명	아현 1구역
위치	서울시 마포구 아현동 699번지 일대
진행 단계	정비예정구역
면적	105,609.2m^2
건폐율/용적률	50%/240.43%
조합원 수	2,114명(공유자 포함: 2,829명)
건립세대 수	총 2,583세대(임대 382세대)

이 중요하다. 권리산정기준일은 쪼개기 금지 기준일이고, 기준일 이후에 지분 쪼개기를 통해서 조합원을 늘리는 행위를 한다면 하나의 분양자격만 주어지기 때문이다. 아현 1구역의 권리산정일 2020년 8월 20일 이후 지분 쪼개기를 한 물건은 주의하도록 하자.

아현 2구역

아현뉴타운의 랜드마크인 마래푸(마포래미안푸르지오, 아현 3구역)의 뒤를 이어 마포의 중심이 될 아현 2구역을 살펴보자. 2호선 아현역과 이대역 중간인 마포구 아현동 662번지 일대 65,553m^2(대략 2만 평 정도) 부지에 현대산업개발과 SK건설에서 아이파크SK뷰 이름

구분	내용
구역명	아현 2구역
위치	서울시 마포구 아현동 662번지 일대
진행 단계	착공 중(2023년 입주 예정)
면적	65,553.5m²
건폐율/용적률	19%/250%
조합원 수	1,232명
건립세대 수	총 1,419세대(임대 141세대)

으로 최고 5층 17개동 총 1,419세대(임대 141세대)를 건립할 예정이다. 진행 속도는 빠르다. 관리처분계획인가를 받은 후 모든 세대가 이주를 완료했고 남은 현금청산자들과의 협상이 마무리되어 착공에 들어갔으며, 2023년 정도에 입주가 가능할 것으로 예상된다.

골드라인 2호선뿐만 아니라 5호선도 이용 가능해 서울역과 시청, 용산, 여의도 등 도심 업무지역 직주근접이 좋고, 신촌역과 이대역 상권의 생활 인프라도 좋다. 또 교육환경도 한서초, 아현초등학교와 아현중학교가 있어 신흥 부촌 마포의 색깔에 맞는 젊은 직장인 부부들의 수요 유입이 기대된다. 우수한 입지에 비해 다세대주택이 많고 조합원 대비 건립세대 수의 비율이 낮아 사업성이 좋은 편은 아니다.

임대주택을 제외한 1,278세대에서 조합원분양분과 보류지(공공이나 공동시설을 설치하기 위해 남겨둔 토지)를 제외하면 일반분양 물량이 50세대 정도밖에 되지 않는다. 거의 1:1재건축 수준의 재개발 사업이고, 청산시점에 추가부담금을 납부해야 할 수도 있다. 만약 추가부담금을 납부해야 한다면 감정평가 비율대로 납부하기 때문에 투자 시 평가금액이 가급적 적은 물건을 선택하는 것이 부담을 줄이는 방법이다.

염리 3구역

마포구 염리동 507번지 일대 염리 3구역은 2호선 이대역 역세권으로 신촌그랑자이(대흥 2구역)와 마주보고 있다. 개발 속도가 빨라 2015년 관리처분계획인가를 받고 2018년 착공에 들어갔고 최고 27층 17개동 1,694세대 마포프레스티지자이라는 멋진 대단지 새 아파트로 2021년 3월 말부터 입주를 시작했다.

2호선뿐만 아니라 6호선도 이용 가능하고 한서초등학교와 숭문중학교 등 교육환경도 좋아 아현 2구역과 함께 직주근접과 교육환경을 선호하는 젊은 신혼부부나 아이를 키우는 3040세대들에게 인기가 높을 것 같다.

염리 3구역은 1, 2, 3단지로 구성되어 있는데, 1단지와 3단지의 동일 평수에서 1억원가량 가격 차이를 보일 정도로 입지에 따른 차이가 있다. 특히 1단지가 가장 좋다는 평가를 받으면서 현재 마

| 염리 3구역 개요 |

구분	내용
구역명	염리 3구역
위치	서울시 마포구 염리동 507번지 일대
진행 단계	착공 중(2021년 3월 입주)
면적	87,952.2m²
건폐율/용적률	20%/250%
조합원 수	948명
건립세대 수	총 1,694세대(임대 285세대)

포에서 새로운 대장주로 떠오르고 있다.

대부분 재개발사업의 조합원들은 좋은 동·층의 매물을 선점하지만 염리 3구역의 조합원들은 전용 60m² 이하(일반 25평) 매물을 많이 신청하면서 조합원들도 저층매물을 제법 보유하고 있다.

신흥 부촌의 핵심축
북아현뉴타운

마포 아현뉴타운 북쪽에 위치해 있는 북아현뉴타운은 행정구역은
마포구가 아닌 서대문구이지만, 아현뉴타운과 더불어 신흥 부촌
마포의 핵심축이다. 가파른 언덕길에 노후·불량 주택이 밀집된 대
표적인 낙후 지역이었던 북아현은 2005년 서울시 3차 뉴타운으로
지정되어 5개 구역으로 사업이 진행되면서 천지개벽하고 있다.

북아현뉴타운은 899,717m²(대략 27만 평) 부지에 12만 3천 세대
규모로 개발하는 재개발사업으로, 골드라인인 2호선 이대역과 아
현역을 이용할 수 있고 일부 동에서는 남산 조망도 가능하다. 아현
뉴타운처럼 여의도, 광화문, 서울역, 상암 등 서울 주요 업무지역

| 북아현뉴타운 |

자료: 투미부동산

| 북아현뉴타운 구역별 진행상황 |

구역	세대 수	진행상황
북아현 1-1구역	1,226세대	입주 완료(2020년 8월)
북아현 1-2구역	940세대	입주 완료(2015년 1월)
북아현 1-3구역	1,910세대	입주 완료(2017년 3월)
북아현 2구역	2,356세대	관리처분계획인가 예정(2021년)
북아현 3구역	4,757세대	관리처분계획인가 예정(2022년)

접근성이 좋아 직주근접이 중요한 직장인 수요에 안성맞춤이다.

연세대, 이화여대 등 대학교 캠퍼스뿐만 아니라 경의선 숲길, 하늘공원, 효창공원이 있어 미세먼지가 점점 심해지는 요즘 숲세권이라고 할 수 있는 쾌적성은 큰 장점이며, 날씨가 좋은 봄가을에는 광화문까지 산책 삼아 걸어갈 수도 있다. 대신초, 북성초(혁신), 추계초등학교(사립)와 한성중, 중앙여자중학교 등이 있어 교육환경도 양호하고, 2구역 내 신설 초등학교도 예정되어 있다. 신촌, 홍대, 합정, 연남동 등 유명 상권에 접근하는 데 불편함이 없고 특색 있는 카페거리는 덤이다. 서울 도심에 모습을 드러낼 향후 3만 세대 신도시급인 아현뉴타운과 북아현뉴타운은 현재보다 미래가 더 기대된다.

북아현 1구역

서대문구 북아현동 1-954번지 일대 북아현 1-1구역은 최고 20층 15개동 1,226세대 대단지 아파트로 2호선 이대역과 아현역 이용이 가능하다. 하지만 언덕 지형으로 역세권 단지라 말하기에는 다소 아쉬움은 있다. 그러나 관리처분 후 힐스테이트신촌이라는 이름으로 2017년 착공에 들어가 2020년 입주하면서 희소성이 높은 서울 내 새 아파트 프리미엄 덕을 톡톡히 보고 있다. 2018년에는 평균 일반분양가 2,500만 원 수준이었으나 공사 기간 중 서울 부동산시장 상승세에 힘입어 2배 이상의 큰 폭으로 올랐다. 생활 인프라와 쾌적성, 교육환경은 좋지만 일부 동에서 발생한 경의중앙선 지상선로의 소음 문제는 단점이라 할 수 있다.

북아현 1-2구역(신촌푸르지오)은 2호선 아현역 이용이 가능하고 혁신초등학교인 북성초와 한성중·고등학교가 단지 내 있어 학생 자녀를 둔 부모들이 특히 선호한다. 북아현 구역 중 가장 사업 속도가 빨라 재개발사업이 완료된 2015년 신촌푸르지오라는 이름의 새 아파트로 940세대가 입주했다. 1단지와 2단지로 구성되어 있는데, 특히 2단지 3개동은 소형 테라스하우스로 개발되어 자금력이 있는 1~2인 가구에 인기가 높다.

북아현 1-3구역(e편한세상신촌)은 아현역 초역세권의 1,910세대 대단지로 신촌푸르지오(1-2구역)와 함께 초·중·고 이용이 편리하다. 한때 조합 내부에 갈등이 있었지만 잘 마무리되어 2017년 입주를 했다. 4개 단지로 나누어져 있고 중소형 위주로 구성되어 있어 신혼부부 등 3040세대의 수요 선호가 높다. 현재는 e편한세상신촌이 북아현의 랜드마크 역할을 하고 있다.

입주 완료된 북아현 1-1구역, 1-2구역, 1-3구역을 제외한 북아현 2구역, 3구역은 조금 더 상세히 설명하겠다.

북아현 2구역

서울시 서대문구 북아현동 520번지 일대 북아현 2구역은 북아현 뉴타운에서 입지가 가장 좋다는 평가를 받고 있다. 지하철 2호선과 5호선 이용이 용이하고 도로 여건도 좋아 서울 도심 업무지역의 직주근접에 최적화되어 있다.

구릉지이긴 하지만 저층과 고층이 잘 어우러진 특화 설계를 통해 단점을 극복했고, 단지 내 초등학교도 예정되어 있으며 한성중·고등학교도 인근에 있어 교육환경도 양호하다.

2009년 사업시행계획인가 후 제대로 진행되지 못하다가 2020년 촉진계획 변경과 건축심의를 통해 용적률을 상향해 세대수가 기존 1,714세대에서 642세대 증가함과 동시에, 중대형에서 중소형으로 면적 구성도 변경되면서 사업성이 개선되었다.

삼성물산과 대림산업에서 최고 35층 2,356세대 대단지로 건립할 예정이고 우수한 입지를 감안하면 재개발이 되기만 하면 북아현뉴타운의 랜드마크는 따놓은 당상인데 조합 내부 문제로 사업진행이 주춤하고 있어 아쉽다.

당초 사업성이 부족하다는 이유로 조합해제 신청도 했었고, 토지 소유자 동의율 미충족으로 2010년 조합설립인가 취소 소송도 있었다. 조합장이 배임 혐의로 구속되고 철거업체가 조합장에게 뇌물을 주다 적발되기도 했고, 조합관계자가 시공사 선정 서류 조작으로 검찰에 송치되는 등 조합 내부 문제가 끊이질 않아 사업 속도를 제대로 내지 못했다. 그러다가 2020년 11월 건축심의를 통과하면서 다시 사업시행계획 변경인가를 앞두고 있다.

입지가 우수하고 사업시행계획인가 변경으로 사업성도 개선되면서 사업시행계획인가 후 관리처분을 준비 중이지만, 조합 문제로 사업이 늦어지고 있고 타구역 대비 상가 비중이 높아 세입자 보

구분	내용
구역명	북아현 2구역
위치	서울시 서대문구 북아현동 520번지 일대
진행 단계	사업시행계획인가
면적	120,055.8m²
건폐율/용적률	18%/260%
조합원 수	1,261명
건립세대 수	총 2,356세대(임대 401세대)

상 문제와 이주 시 또 다른 어려움이 있을 수도 있다. 또 성당 및 종교시설에 대한 대토 및 보상협의 문제도 있어 당초 예상보다 사업기간을 길게 잡는 것이 좋겠다. 물론 미래 재개발사업이 완료되면 북아현뉴타운에서 가장 높은 가치가 형성될 것은 분명하다.

북아현 3구역

서대문구 북아현동 3-66번지 일대 북아현 3구역을 살펴보자. 면적은 62,245m²(대략 18,800평), 규모는 무려 4,602세대로 북아현뉴타운에서 가장 크다. 2호선, 5호선 이용이 용이해서 직주근접이 좋고 안산공원을 배후로 두고 있어 안산 둘레길 산책 등 여가생활을 즐

| 북아현 3구역 개요 |

구분	내용
구역명	북아현 3구역
위치	서울시 서대문구 북아현동 3-66번지 일대
진행 단계	사업시행계획인가
면적	263,100m²
건폐율/용적률	22.45%/250.67%
조합원 수	1,860명
건립세대 수	총 4,757세대(임대 809세대)

기기에도 좋다. 역세권과 숲세권이 가능한 미니 신도시가 바로 북아현 3구역이다.

북아현 3구역의 시공사는 롯데건설과 GS자이 컨소시엄으로 최고 29층 4,757세대 아파트로 개발될 예정이다. 당초에는 3,633세대로 건립될 계획이었지만 용적률을 17.67%로 늘려 1,124세대가 증가한 4,757세대로 촉진계획 변경을 앞두고 있다. 2019년 임시총회 당시 조합원 평균 분양가가 1,700만 원 정도였지만 더 높아질 가능성이 크다. 계획대로 빨리 개발되면 참 좋겠지만 역시 재개발 사업 속도가 발목을 잡고 있다.

2011년 사업시행계획인가를 받았지만 우리나라 정비사업의 고질적인 문제인 재개발조합과 비상대책위원회 간의 소송전 또는 구 집행부와 새 집행부 간의 소송 등 조합원들 간 갈등이 많았다. 다행히 2018년 조합임시총회에서 조합장이 해임되면서 2019년 새로운 조합장이 선출되었고, 2020년 12월 소송이 일단락되어 새로운 조합장과 집행부가 계속해서 사업을 추진하게 되었다. 현금청산자의 구제방안도 통과되었다.

북아현 3구역은 넓은 사업구역으로 총 5개 구역으로 나누어져 있는데 3-1구역과 3-2구역 사이의 12m 도로를 폐도(廢道)시켜 획지를 통합함으로써 단지의 가치가 더 상승할 것으로 기대한다. 큰 소송도 마무리된 만큼 촉진계획 변경을 통해 건축심의와 사업시행계획 변경을 거쳐 관리처분계획인가까지 빠른 속도를 기대해 본다.

공업지역에서 고급 주거단지로
성수전략정비구역 1

방탄소년단 정국, 소녀시대 써니, GD, 김수현, 이수만 등 이름만 들어도 대한민국에 모르는 사람이 없을 정도의 대표 연예인들이 살고 있는 지역은 강남이 아닌 성수다. 가죽공장들이 밀집한 공업지역이었던 성수가 이렇게 고급 주거단지로 거듭날 수 있었던 배경은 한강과 서울숲, 그리고 재개발이다.

2호선 성수역과 뚝섬역을 중심으로 주거지역과 준공업지역, 상업지역이 혼재되어 있는 성수는 예전에는 공업지역 이미지가 커서 투자 순위에서 밀려 있던 곳이었다. 하지만 2010년 이후 성수동 카페골목과 함께 유명 연예인들의 투자, 기업 이전 등으로 선호도가 올라갔고, 갤러리아포레, 트리마제, 아크로서울포레스트로 이어지는 고급 주거단지가 개발되면서 단숨에 강남을 잇는 신흥 부촌인 마용성(마포·용산·성수)에 당당히 이름을 올렸다.

2008년 분양 당시 평균 분양가를 3.3㎡당 4,500만 원 이상을 책정해 고가 논란이 되었던 갤러리아포레와 단독주택 밀집지역을 지역주택조합으로 개발한 트리마제는 고급 주거단지로 명성이 대단하다.

이런 성수의 미래를 책임질 성수의 대표 재개발 지역은 성수전략정비구역이다. 2007년 당시 오세훈 서울시장은 한강을 중심으로 기존 중심지들을 강화하고 한강변 핵심 지구와 연계해 주택의 부족, 극심한 교통난, 시민들의 휴식공간 부족 등을 해결하기 위해서 한강변 대규모 개발 프로젝트인 '한강르네상스'를 발표했다. 성수, 여의도, 합정, 이촌, 압구정 등의 지역이 2009년 기본계획수립, 2011년 전략정비구역으로 지정되면서 용적률 284~317% 최고 50층 이상의 초고층 아파트로 개발될 것이라는 부푼 꿈은 서울시장이 바뀌면서 사실상 무력화되었다.

우리나라 정책의 가장 큰 문제 중 하나가 일관성 부족이다. 타당성 있고 필요한 정책이라면 시장이나 대통령이 바뀌어도 일관성 있게 추진되어야 하는데 매번 뒤집혀버리니 정책에 대한 신뢰도는 떨어지게 된다. 여의도, 합정, 이촌, 압구정 등의 정비구역은 모두 해제가 되었고 현재는 유일하게 성수만 50층 초고층 아파트 개발을 할 수 있는 전략정비구역의 명맥을 유지하고 있다. 하지만

자료: 머니투데이

2021년 4월 보궐선거에서 오세훈 서울시장이 당선되면서 상황은 다시 바뀌고 있다. 오세훈 서울시장이 한강르네상스 시즌2를 예고하고 있기 때문이다.

총면적 530,399m² 최고 50층 8,247세대로 개발되는 성수전략정비구역은 1~4지구 4개의 구역으로 나누어져 사업이 추진되고 있다.

성수전략정비구역은 한강변 평지에 토지 모양도 반듯해 계획대로만 개발된다면 정말 멋진 명품 아파트가 탄생할 것이다. 부촌 이미지에 한강공원, 서울숲, 뚝섬유원지 등 숲세권과 한강 조망이 가능하고 2호선과 분당선, 성수대교 등 교통환경과 교육환경도 양호하며 도심 업무지구 직주근접까지 확보된다.

흉물이었던 서울숲 인근 삼표래미콘 공장 이전도 협의되었다고 하니 전화위복이라 할 수 있다. "서울에 이런 공장이 있다니"라는 생각을 하게 되는 삼표래미콘 공장이 이전되면 그 자리는 2만 7,828m² 부지의 공원으로 개발될 예정이다.

한강변, 50층, 가능할까?

하지만 정말 성수가 계획처럼 50층까지 개발할 수 있을까? 이 근원적인 의문은 성수전략정비구역의 최대 난관이자 중요한 키포인트다. 성수전략정비구역은 2014년 일반주거지역의 최고 높이를 35층으로 규제하는 '2030서울플랜'이 마련되기 전에 정비계획안이 도시계획위원회를 통과해서 서울시 고시까지 이루어졌기에, 다른 일반주거지역과 달리 이례적으로 50층 초고층 개발이 가능했다. 하지만 2018년 성수 4지구는 48층으로 건축심의를 신청했으나 박원순 전 서울시장의 서울시는 보완의견으로 부정의 답을 주었다.

서울시의 한강변 관리계획(2013년)과 2030서울플랜(2014년)에 의거 일반주거지역에는 최고 35층까지만 지을 수 있고 한강변에 인접한 동은 최고 15층까지만 허용한다. 이를 지켜야 한다는 것이 서울시의 원칙이며, 이미 확정 고시되어 사업이 추진되고 있는 구

| 성수전략정비구역 구역별 진행상황 |

구역	조합원 수	건립세대 수	진행상황
성수 1지구	1,379명	2,909세대	건축심의 중
성수 2지구	1,165명	1,907세대	조합설립인가 후 건축심의 준비
성수 3지구	961명	1,852세대	건축심의 중
성수 4지구	753명	1,579세대	건축심의 중

역에 소급적용을 할 수 없다는 것이 조합의 입장이다. 이들은 결국 합의점을 찾을 것이며 건축심의 접수가 빠른 4지구의 건축심의 결과에 따라 성수전략정비구역의 방향성과 사업성이 결정될 것이다.

2020년 3월 조합설립인가를 받은 2지구를 제외한 1, 3, 4지구 모두 건축심의 결과를 기다리고 있으며, 건축심의가 통과된 구역은 아직 없다. 서울시 건축위원회에서 보완요청을 한 구역도 있지만 요청사항이 무엇인지 구체적으로 지침이 내려오지는 않는 상황이고, 서울시의 부정적인 태도로 인해 조합과 조합원들의 답답한 상황은 이어지고 있다. 하지만 2021년 4월 보궐선거에서 오세훈 서울시장이 다시 복귀하면서 상황은 급반전되고 있다. 박원순 전 시장이 완고하게 고집하던 35층 층고제한을 오세훈 시장은 풀어주겠다는 입장이며, 한술 더 떠서 한강르네상스 시즌2를 예고했다.

1지구에서 4지구까지 진행 속도는 지구별로 다를 수 있지만 결국 모두 함께 가야 하는 사업이다. 한 구역이라도 해제되거나 무산되면 다른 지구에 많은 영향을 미칠 것이다.

쉽지 않고 오랜 시간이 걸리겠지만 개발되기만 하면 명품단지는 따 놓은 당상인 성수전략정비구역 4개 구역에 대해 다음 장에서 상세히 알아보도록 하자.

공업지역에서 고급 주거단지로
성수전략정비구역 2

성수 1지구

서울시 성동구 성수동1가 72-10번지 일대 성수 1지구는 성수성락
정비구역 중 사업 규모가 가장 크고 한강 조망이 가능하며 분당선
지하철역과 서울숲 접근성이 좋아 관심이 높다. 특히 고급 부촌인
트리마제에 바로 인접해 있어 최고 50층 2,909세대 대단지로 개
발만 된다면 랜드마크 명품 아파트 탄생은 시간 문제다.

2011년 정비구역이 지정되었고 2017년 조합설립인가를 받아
건축심의를 접수했지만 서울시 건축위원회에서 보완의결이 되면

구분	내용
구역명	성수전략정비구역 제1지구
위치	서울시 성동구 성수동1가 72-10번지 일대
진행 단계	조합설립 후 건축심의 중
면적	194,398m²
건폐율/용적률	21%/309%
조합원 수	1,379명
건립세대 수	총 2,909세대(임대 495세대)

서 심의 결과를 보완해 접수해야 하는 상황이었고 받아들이기 어려운 수준이 아닐까 하는 예상이 많았다. 하지만 성수전략정비구역을 지정했던 오세훈 서울시장이 다시 복귀한 만큼 우려에서 기대로 분위기가 반전되고 있다.

성수 4지구 다음으로 사업 진행 속도가 빠르고 다세대 빌라 비중이 낮고 대부분 단독주택 위주로 되어 있으며 지분 쪼개기도 많지 않다. 계획처럼 개발되면 일반분양 비율이 60% 정도로 사업성도 좋다. 아직까지는 난관이 많고 쉽지는 않겠지만 강변북로가 지하화되면 성수전략정비구역의 가치는 한 단계 더 업그레이드될 수 있을 것이다.

성수 2지구

서울시 성동구 성수동2가 506번지 일대 성수 2지구는 1,907세대로 개발될 계획이다. 4개의 성수전략정비구역 중 중심에 위치하고 있어 1지구와 3, 4지구의 연결고리 역할을 하고 있다. 1구역도 그렇지만 반듯한 토지 모양에 한강 조망이 가능하고 인근에 시장과 대형마트가 있어 생활 인프라도 좋으며 분당선과 2호선 뚝섬역, 성수역 이용도 가능해 교통 여건도 좋다. 성원중학교가 존치로 결정되어 교육환경도 나쁘지 않다. 다만 사업 진행 속도가 느린 점은 큰 단점이다.

2009년 정비구역 지정 후 조합설립추진위가 구성되었지만 2016년 추진위원장 선출총회가 무효라는 판결이 나왔고 비상대책위원회의 민원, 정보공개청구, 고소, 고발 등으로 조합설립인가가 지체되었지만 드디어 2020년 3월, 조합원 78.61%의 동의를 얻어 조합설립인가를 받게 되었다. 현재 건축심의를 준비하고 있다.

건립세대 수 대비 조합원 수가 많아 일반분양 비율이 낮아져 수익성이 떨어진다는 평가를 받고 있으며 재래시장과 상가 상인들, 종교시설과의 협의도 남아 있어 아직은 갈 길이 멀어 보인다. 이런 사업 기간의 리스크 때문에 단기투자자들한테는 적합하지 않다. 장기투자로 매물가격이 저렴한 장점을 살려보자는 전략으로는 괜찮지만 최근 서울 부동산시장 과열로 저렴한 매물을 찾기도 어렵다.

구분	내용
구역명	성수전략정비구역 제2지구
위치	서울시 성동구 성수동2가 506번지 일대
진행 단계	조합설립 후 건축심의 준비 중
면적	131,980m²
건폐율/용적률	18%/317%
조합원 수	1,085명
건립세대 수	총 1,907세대(임대 325세대)

성수 3지구

서울시 성동구 성수동2가 572-7번지 일대 성수 3지구는 1,852세대 아파트로 개발 예정이다. 한강 조망이 가능하며 노후화된 강변 청구아파트를 비롯해 공장들과 상가주택 및 단독주택이 밀집해 있어 사업성도 좋은 편이다.

　2009년 정비구역 지정 후 추진위원회가 설립되었지만 추진위원장 선출총회 문제로 소송이 걸리는 등 어려움을 겪으면서 사업이 지지부진했다. 그러나 조합의 강한 사업 추진 의지로 2018년 75%의를 동의를 확보해 2019년 2월 조합설립인가를 받았다. 현재 건축심의 접수 후 서울시 건축위원회로부터 건축심의 보완의결

| 성수전략정비구역 제3지구 개요 |

구분	내용
구역명	성수전략정비구역 제3지구
위치	서울시 성동구 성수동2가 572-7번지 일대
진행 단계	조합설립 후 건축심의 중
면적	114,193m²
건폐율/용적률	18%/317%
조합원 수	961명
건립세대 수	총1,852세대(임대 315세대)

을 받아 보완 후 접수할 예정이다. 아직은 초기 단계인 데다 시장이나 상가상인 조합원들이 많지 않아 2지구보다는 사업 진행 속도가 빠르지만 여전히 넘어야 할 산이 많다. 부지면적이 넓은 태진운수의 감정평가와 이주협의도 문제이고 지하철역까지 거리도 다소 아쉽다.

1, 2지구까지 계획된 강변북로 지하화 계획을 서울시는 3지구 포함 총 4개 구역 개발을 완료한 이후 추진하겠다는 입장이다. 긴 시간이 필요하겠지만 강변북로 지하화 사업까지 완성되면 추가 가치상승도 기대할 수 있을 것이다. 개발완료 이후 추진을 이야기하고 있어 시간은 걸리겠지만 3, 4지구까지 연장 가능성도 배제할 수 없다.

성수 4지구

성동구 성수동 2가 219-4번지 일대 성수 4지구는 지하철역과의 거리나 단지 내 초등학교가 없는 점은 다소 아쉽다. 하지만 1,579세대로 단지 규모도 좋고 일반분양 비율이 74%나 될 정도로 사업성이 뛰어나며 사업 진행 속도도 빨라 관심이 높은 구역이다.

토지 모양이 반듯하지 못한 'V'자형으로 되어 있고 성수두산위브와 대명루첸아파트 등이 존치구역으로 지정되면서 구역 지정 당시에는 성수전략정비구역에서 인기가 없었다. 그러나 빠른 사업 진행 속도와 함께 단점이던 'V'자형 토지 모양을 모든 동에서 한강 조망이 가능할 수 있게 설계 계획을 하면서 현재는 인기가 가장 높은 구역이 되었다.

4지구는 2011년 구역 지정 후 사업이 추진되어 2016년 조합설립이 되었고, 2018년 건축심의를 신청했지만 서울시의 보완의견으로 다시 건축심의 준비를 하고 있다. 4지구의 건축심의에 성수전략정비구역의 모든 눈이 쏠린 이유는 4지구가 총대를 메고 전략정비구역의 최대 장점인 한강변 50층 초고층 아파트 건립을 위해서 2014년 2030플랜에 의한 35층 제한 원칙을 고집하는 서울시와 힘겨루기를 하고 있기 때문이다.

2011년 결정 고시를 받았기 때문에 사실 소급적용의 명분은 크지 않다. 다만 신흥 부촌 성수의 한강변 초고층 아파트 건립이라는 상징성 때문에 박원순 전 서울시장의 서울시는 쉽게 양보를 못 했

| 성수전략정비구역 제4지구 개요 |

구분	내용
구역명	성수전략정비구역 제4지구
위치	서울시 성동구 성수동2가 219-4번지 일대
진행 단계	조합설립 후 건축심의 중
면적	89,828m²
건폐율/용적률	21%/315%
조합원 수	753명
건립세대 수	총 1,579세대(임대 269세대)

지만 한강르네상스의 주역이었던 오세훈 서울시장으로 다시 바뀌면서 이제는 오랜 줄다리기를 끝내고 본격적으로 달릴 가능성이 높아졌다.

　트리마제, 아크로포레스트 모두 40층 이상 초고층 건립이 허가되었다. 한강을 사이에 두고 강남의 명품 청담동과 마주하고 있어 성수전략정비구역이 제대로만 개발되면 명품 고급 주거단지가 될 것이라는 점은 전문가들 사이에서도 이견이 없다.

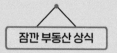

양도세 중과를 피하는 방법

양도차익에 대해서 내야 하는 양도소득세(이하 양도세)는 많은 세금 중 가장 민감하고 중요한 세금이다. 그도 그럴 것이 투자수익의 일정 부분을 국가가 가져가는 세금이기 때문에 투자를 잘해도 절세를 못하면 애국자가 될 뿐이다.

2017년 8·2대책에서 다주택 보유자 양도세 중과 규정이 생겼다. 무조건 2주택 50%, 3주택 이상 60%였던 과거에 비해 조정대상지역을 대상으로 중과 여부를 판단하며 일반세율에 가산하는 방법으로 중과를 하도록 했다. 노무현 정부 시절 2주택이면 양도세 50%의 세율이 적용되었다면 2017년 8·2대책 이후 중과 대상이 되면 일반세율 6~42%에 2주택이면 10%p가 가산되어 16~52%가, 3주택 이상이면 20%p가 중과되어 26~62%의 높은 세율이 적

| 양도소득세율 및 다주택 중과세율 |

구분	과세표준 기준	일반 세율	중과세율	
			2주택	3주택 이상
일반 세율	1,200만 원 이하	6%	2021년 6월 1일 이전 +10%p	2021년 6월 1일 이전 +20%p
	4,600만 원 이하	15%		
	8,800만 원 이하	24%		
	1억 5천만 원 이하	35%		
	3억 원 이하	38%	2021년 6월 1일 이후 +20%p	2021년 6월 1일 이후 +30%p
	5억 원 이하	40%		
	10억 원 이하	42%		
	10억 원 초과	45%		

용되었다.

2021년부터 10억 원 초과 최고 세율이 45%로 늘어났다. 또 2021년 6월 1일 이후 양도부터는 10%p가 더 중과되어 조정대상지역 2주택이면 26~65%, 3주택 이상이면 36~75%의 징벌적 중과세율이 적용된다. 더군다나 중과 대상이 되면 세율 강화뿐만 아니라 장기보유특별공제도 적용받을 수 없는 만큼, 양도세 중과 대상에 포함되지 않는 것은 매우 중요한 절세전략이다.

양도세 중과 주택 수 포함 여부 체크

조정대상지역인 서울에 1채, 비조정대상지역인 강원도 원주에 2채를 보유해서 3주택인 경우를 생각해보자. 조정대상지역인 서울 집을 팔 때는 3주택 중과세가 적용되지만 원주 집을 팔 때는 중과세가 적용되지 않는다. 다만 원주 집 자기 자신은 중과 대상이 되지 않지만 양도세 중과 주택 수에는 포함되어 서울 집을 팔 때는 3주택에 들어가 영향을 준다. 이렇듯 자기 자신은 중과 대상은 아니지만 중과 주택 수에는 포함되어 다른 조정대상지역 집을 팔 때 양도세 중과를 시키는 것인지 여부는 따져볼 필요가 있다.

1 | 수도권, 광역시, 특별자치시 이외 지역에 소재하는 3억 원 이하 주택
조정대상지역 내 주택은 양도세 중과 주택 수에도 포함되고 팔 때 중과 대상도 된다. 조정대상지역이 아닌 지역이라도 다음 페이지 표에서 보듯이 서울, 경기(읍·면 제외), 인천(군 제외), 광역시(군 제외), 세종(읍·면 제외) 주택과 지방 및 경기 읍·면, 광역시·군 지역의 공시가격 3억 원 초과 주택은 원주 사례처럼 자기 자신은 양도세 중과 대상이 되지 않지만 보유한 조정대상지역 주택을 팔 때 중과 대상으로 만들어버린다.

반면 지방 및 경기 읍·면, 광역시·군 지역의 공시가격 3억 원 이하 주택은 자기 자신이 중과 대상이 되지 않는 것은 당연하고 보유 중인 조정대상지역 주택에도 영향을 미치지 않는다. 예를 들어 전

| 양도세 중과 주택 수 포함 여부 |

구분	내용
양도세 중과 대상	조정대상지역
양도세 중과 주택 수 포함	서울, 경기(읍면 지역 제외), 인천(군 제외), 광역시(군 제외, 세종(읍면 제외) 주택 지방과 경기/세종(읍면), 광역시(군) 지역 공시가격 3억 원 초과 주택
양도세 중과 주택 수 미포함	지방과 경기/세종(읍면), 광역시(군) 지역 공시가격 3억 원 이하 주택

라남도 해남에 3억 원 이하 주택이 2채 있고 서울에 1채가 있는 경우 서울 주택을 팔 때 해남 집은 중과 주택 수에 포함되지 않아 양도세 일반세율 6~45%이 적용된다. 단, 지방이어도 공시가격 3억 원을 초과하면 중과 주택 수에 포함되어 서울 주택을 팔 때 양도세 중과가 된다. 내가 보유한 주택이 조정대상지역에 포함되는지 여부와 함께 집이 서울, 경기, 광역시 소재인지, 읍·면·군 지역이거나 지방이어도 3억 원을 초과하는지는 중요한 체크포인트가 된다.

2 | 분양권, 입주권

재건축·재개발 정비사업 입주권 역시 양도세 주택 수에 포함되지만 입주권을 팔 때는 중과가 되지 않는다. 분양권은 2021년 이후 양도분부터 양도세 중과 주택 수에 포함된다. 물론 2021년 이후 입주자모집공고가 나온 주택의 분양권이 대상이다. 참고로 분양

| 분양권 및 입주권 |

구분		2021년 6월 1일 이전			2021년 6월 1일 이후	
		주택 외 부동산	주택·입주권	분양권	주택·입주권	분양권
보유기간	1년 미만	50%	40%	조정 대상지역 50%	70%	70%
	2년 미만	40%	기본세율		60%	60%
	2년 이상	기본세율	기본세율		기본세율	60%

권을 팔 때는 일괄 50%의 높은 양도세율이 적용되며, 2021년 6월 1일 이후에는 더 강화된다.

3 | 임대사업용 주택

임대사업용 주택도 양도세 중과를 피할 수 있다. 그래서 양도세 중과를 피하기 위해 다주택 보유자들이 임대사업자 등록을 많이 하기도 했는데, 임대사업용 주택이라고 무조건 양도세 중과를 피하는 것은 아니다.

조정대상지역 다주택 보유자가 8년 장기 임대사업용 주택을 양도하는 경우 임대개시일 기준 기준시가가 수도권 6억 원(비수도권 3억 원) 이하, 전용면적 수도권 85m²(비수도권 100m²) 이하면 양도세 중과가 되지 않는다. 다만 2018년 9·13대책 발표 이후 1주택 이상자가 조정대상지역에 새로 취득한 주택을 임대사업 등록을 하는 경우에는 양도세 중과 대상이 된다. 2018년 9·13대책 발표 전 매매계약 체결 및 계약금을 지불한 경우에는 종전 규정이 적용되어 중과 대상에서 빠질 수 있다.

여기서 많은 사람이 헷갈려하는 것이 임대사업용 주택이 주택 수에서 완전히 빠진다고 생각하는 것인데 그렇지는 않다. 임대사업용 주택을 의무 보유 기간을 다 채우고 팔 때 양도세 중과 배제라는 의미이지 임대사업용 주택을 등록한다고 다른 보유하고 있는 조정대상지역 주택을 팔 때 중과 주택 수가 줄어드는 것은 아니다. 예를 들어 임대사업용 주택이 1채 있고 조정대상지역에 2채를 보유하다가 1채를 파는 경우 3주택 중과 대상이 된다.

4 | 그 외의 경우

저당권 실행으로 취득한 주택(경매), 문화재 주택, 장기 사원용 주택, 미분양 주택, 상속주택(5년 경과 ×) 등도 중과 예외가 된다. 또 아래의 사유에 해당되면 역시 중과 대상에서 제외된다.

- 근무상 사유로 다른 시·군으로 이사해 2주택이 된 경우(취득 당시 기준시가 3억 원 이하+취득 후 1년 이상 거주+사유해소 후 3년 이내 양도)

- 세대합가로 2주택이 된 경우(합가일로부터 10년 이내)

- 혼인으로 2주택이 된 경우(혼인일로부터 5년 이내)

- 소송 결과로 취득한 주택(판결확정일로부터 3년 이내)

- 일시적 2주택(다른 주택 취득일로부터 3년 이내, 조정대상지역은 2년 이내)

정리를 하면 양도세 절세를 위해서 중과 대상이 되지 않는 것이 가장 좋다. 내가 보유한 주택이 양도세 중과 대상이 되는지, 중과 대상은 아니지만 주택 수에는 포함되는지 미리 체크해두도록 하자.

4장

눈여겨봐야 할
서울 알짜 재개발

중구 최고의 투자가치
신당 주택재개발정비사업

교통, 경제, 문화, 관광, 쇼핑의 중심지인 서울 중구는 유동인구가 많은 편이지만 주거지로서는 다소 부족하다는 평가가 많다. 정비사업을 살펴보면 만리동 등 일부 재개발사업은 완료되었고 현재 남아 있는 중구의 재개발 구역 중 가장 투자가치가 높은 곳이 신당 주택재개발정비사업이다. 각 구역에 따라 남산 조망이 가능한 곳도 있고 동대문, 광화문, 강남 등 도심 업무지구가 20분 내로 이동이 가능해 직주근접(職住近接)을 원하는 수요자들의 선호도가 높다.

신당동 재개발 구역들 중 조합원들의 이해관계로 해제된 10구역은 구역이 해제된 후 다시 재개발 사업 추진을 위한 주민 찬반의

| 신당 8구역과 9구역 |

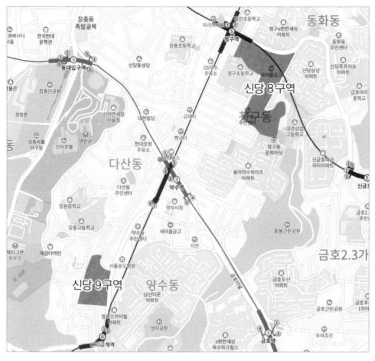

자료: 헤럴드경제

| 신당 주택재개발정비사업 구역별 진행상황 |

구역	조합원 수	건립세대 수	진행상황
8구역	545명	1,215세대	사업시행계획인가 후 관리처분 준비 중
9구역	153명	349세대	조합설립인가 후 사업시행계획인가 준비 중

견 조사가 진행 중이며 개발에 대한 기대감이 높아지고 있다.

입지적으로 지하철 2·4호선 동대문 역사문화공원역과 2·6호선 신당역에 가깝고 입지가 뛰어나 개발이 제대로 진행된다면 타구역보다 더 큰 인기를 끌 수 있다. 물론 구역 지정도 되지 않아 아직은 넘어야 할 산이 남아 있다. 재개발사업이 완료되어 입주를 완료한 6, 7, 11구역을 제외한 8구역과 9구역은 단독·공동주택이 밀집되어 있고 조합원 수도 적어서 사업성이 좋은 편이며 조합원들의 동의율도 높아 진행 속도가 비교적 빠르다.

신당 8구역

서울 중구 신당동 321번지 일대 신당 8구역은 5만 8,334m² 면적에 용적률 248.87%를 적용해 지하 4층 지상 28층 총 1,215세대 (임대 183세대) 아파트로 개발된다. 2007년 5월 구역 지정 되었는데 10년 만인 2016년 12월 조합설립인가가 되었고 2018년 11월 사업시행인가를 받았으며 현재 감정평가를 마치고 조합원 통보를 완료한 상태다.

2020년 4월 조합장 등 일부 집행부 임원들의 위법행위로 인해서 7월에 조합장 등 임원 해임 및 직무 정지가 총회로 가결되어 현재 조합장 재선출이 진행 중이다. 새로운 집행부가 결정되면 사업진행 속도는 더욱 빨라질 것으로 예상한다.

구분	내용
구역명	신당 8구역
위치	서울시 중구 신당동 321번지 일대
진행 단계	사업시행계획인가 후 관리처분 준비 중
면적	58,334m²
건폐율/용적률	60%/249%
조합원 수	569명
건립세대 수	총 1,215세대(임대 183세대)

　신당 8구역은 5·6호선(청구역), 3·6호선(약수역), 2호선(신당역)을 도보 10분 이내로 이용할 수 있고 한남대교, 동호대교, 강변북로, 올림픽대로 진출이 용이해 교통 여건도 좋다. 일부 동에서는 남산 조망도 가능하고 주변의 매봉산공원과 응봉근린공원 이용도 편리해 쾌적성도 우수하다. 다만 8구역의 토지 모양이 'ㄱ' 모양으로 되어 있어서 동 배치에 어려움이 있지만 채광, 전망 등을 고려해 단지 설계를 잘 해준다면 큰 문제가 되지는 않을 것 같다.

　주변 약수시장과 청구시장도 도보 이용이 가능하고 특히나 이 구역은 초품아(초등학교를 품은 아파트)로서 청구초등학교, 대경중학교, 대경고등학교 등 초·중·고등학교가 인접해 학부모들의 선호도도 높다. 신당동 주변의 재개발 구역들이 완성되어 주거환경 및 교육환경이 개선되면 주택 가격에 긍정적인 영향을 줄 것으로 기대가 된다.

　일반분양 물량이 많고 토지의 대부분이 평지로 구성되어 토목공사비를 절감할 수 있다는 장점이 있다. 2019년 4월 대림건설이 시공사로 선정되었는데 조합원 추가분담금은 입주 시 100% 납부로 결정되어 입주 시까지 중도금대출 등의 자금 부담이 없는 것 역시 신당 8구역의 장점이다.

신당 9구역

서울 중구 신당동 432 일대 신당 9구역은 1만 8,653m² 면적에 용적률 175% 7층 349가구로 개발될 계획이다. 남산 성곽길 아래에 위치한 신당 9구역은 매봉산공원도 인접해 있어 서울 도심 속에서 쾌적한 자연환경을 누릴 수 있는 숲세권 아파트다. 3호선 약수역, 6호선 버티고개역 더블 역세권으로 강남, 이태원, 종로 등 서울 도심의 주요 지역 접근성이 우수하다.

　신당 9구역 맞은편에는 남산타운 아파트가 위치해 있다. 아래로 가면 용산 한남더힐로 이어져 향후 개발이 완료되면 고급 주거단지 벨트가 형성될 것으로 기대된다. 신당 9구역은 최고 고도 7층 28m 이하로 제한되는 일반미관지구에 속한 제2종 및 제3종 일반주거지역이어서 고도 제한 때문에 층수를 올리지 못해 사업성이 떨어질 것이라는 우려로 정비구역 지정 후 좀처럼 사업이 진전되

구분	내용
구역명	신당 9구역
위치	서울시 중구 신당2동 432-1008번지 일대
진행 단계	조합설립인가 후 사업시행계획인가 준비 중
면적	18,653m²
건폐율/용적률	60%/175%
조합원 수	153명
건립세대 수	총 315세대

지 못했다.

 고층 개발이 어려운 문제로 남아 사업성이 낮을 것을 우려해 도시재생사업으로 가자는 의견도 있었다. 하지만 2017년부터 서울 집값이 급등하면서 재개발사업이 다시 닻을 올리게 된 것을 계기로 정비구역이 지정된 후 10년 만인 2019년 12월, 정비계획 변경안이 서울시 도시계획위원회 심의를 통과하면서 사업이 탄력을 받고 있다.

 신당 9구역 조합은 그동안 변경된 정비사업 조례 등을 최대로 반영해 기부채납 용지를 최대한 줄이고 현금 등을 대납해 건축 면적을 넓히는 방식으로 정비계획 변경을 추진 중이다. 조합 생각대로 정비계획이 변경되면 가구수는 최대 340가구까지 늘어나면서 사업성이 개선될 수 있다.

고도 제한으로 7층 이하 공공주택으로 건립될 경우 임대주택을 의무로 짓지 않아도 되기 때문에 특화된 설계를 통해서 용산 한남 더힐에 버금가는 고급 주거단지로 개발도 가능해 보인다.

단점이라면 주변에 학교가 없다는 점인데 재개발 투자에서 학교가 절대적이지는 않지만 초등학교, 중학교를 도보가 아닌 차로 이용해야 한다는 점은 학군 수요 유입이 제한되기에 아무래도 마이너스 요인이다. 그래도 이런 단점은 어느 정도 가격에 반영되어 있고, 구역 지정 당시 결정된 소공원 지역이 주민을 위한 국공립 어린이집으로 대체되어 쾌적성을 갖춘 고급 주거단지로 잘 개발만 된다면 큰 문제가 되지는 않을 것 같다.

신당 11구역

서울 중구 신당5동 85번지 일대 신당 11구역은 8,119m² 면적에 지하 3층 지상 16층 3개동 176가구로 개발되어 KCC스위첸 브랜드로 입주되었다. 신당 8, 9구역과 함께 11구역 역시 교통 여건이 우수하고 지하철 2·6호선 신당역과 2호선 상왕십리역을 도보로 이용 가능하다. 시청, 광화문, 강남 등 서울 중심 지역의 이동이 용이하며 강변북로와 동호대교 접근성이 좋아 강남권 출퇴근도 편리하다.

단지 주변에 청계천과 서울숲, 무학봉근린공원이 있어 쾌적한 주거환경을 누릴 수 있고 신당초, 무학초, 성동고 등이 위치해 교육환경도 갖춰져 있다. 또한 왕십리 민자역사 내 대형마트 및 동대문 쇼핑몰 등으로 생활 인프라까지 좋아 투자자뿐만 아니라 실수요자들의 관심도 높다.

9구역과 같이 구릉지에 세대 수가 작고 인근에 720세대의 민간임대아파트가 있는 것은 단점이지만 매물에 희소가치가 있고 소형면적 위주로 구성되어 있다는 점은 장점이다. 전용면적 59m² 기준 조합원분양가는 4억 원 후반대였지만 2021년 1월 기준 59m² 매매가격은 12억 원을 넘어서고 있다.

강남 유일의 재개발
거여·마천 뉴타운 1

거여·마천 뉴타운 기본정보

강남은 재건축, 강북은 재개발 위주로 정비사업을 진행하고 있지만 강남이라고 재건축만 있는 것은 아니다. 강남의 유일한 재개발 사업인 송파 거여·마천 뉴타운이 있기 때문이다.

거여·마천 뉴타운은 최고 신도시인 위례신도시에 인접해 있고 지하철 5호선 거여역과 마천역 이용이 용이하며 외곽순환도로 진입도 편리하다. 무엇보다 천마산 및 역사와 자연을 품은 남한산성이 근처에 있어 주거 쾌적성이 좋다. 편의시설이 부족하다는 의견

| 거여·마천 뉴타운 |

자료: 뉴시스

도 있지만 오금역과 방이역 부근 상권과 문정동 동남권유통단지 접근성이 편하고 거여·마천 뉴타운이 개발에 속도를 내면서 새 아파트들이 입주할수록 생활 인프라는 점점 더 개선될 것이다.

마천초, 남천초, 영풍초 등 초등학교는 많은 편이지만 중학교와 고등학교가 없어 교육환경은 다소 불편한 것이 사실이다. 다행히 2020년 거여고등학교가 개교가 계획되었으나 신설 취소가 되었고, 덕수고등학교가 이전하는 것으로 변경 결정되어 2022년 3월에 이전될 예정이다. 소문으로는 마천 1구역 뒤편에 중학교, 고등학교 신설 부지를 남겨둔다는 이야기도 있다. 다만 구체적인 계획이 나온 것은 아닌지라 좀 지켜봐야 할 것 같다.

북위례와 하남 감일지구의 입주 물량으로 인해 가치가 떨어질까 부담스럽다고 말하는 사람들도 있다. 입주 물량 영향은 시간이 해결해줄 문제고 오히려 향후 북위례와 하남 감일지구 개발이 완료되면 동남권 일대가 주거 중심지로 변화하면서 미래가치는 더 높아질 수 있다.

송파구 거여·마천동 일대는 1970년대 서울 도심 개발로 쫓겨난 사람들이 서서히 몰려와 판잣집을 짓고 살면서 형성된 곳으로 송파구의 대표 낙후 주거지였다. 이런 거여·마천동 일대에 2000년대 뉴타운 바람이 불면서 재개발사업이 시작되었다. 거여·마천 뉴타운은 강남권 유일의 뉴타운으로 2005년 3차 뉴타운으로 지정되면서 당시 한남뉴타운 다음으로 큰 인기를 누렸다.

하지만 2008년부터 부동산 경기가 침체되면서 송파구지만 하남시와 성남시 경계의 외곽에 위치한 입지 탓에 개발을 반대하는 조합원들이 늘어났다. 그러면서 구역 지정 취소 소송과 해제 요청이라는 암초를 만나 마천 1, 2, 3구역은 사업 취소가 되기도 했다. 하지만 2014년부터 부동산시장이 살아났고 인접한 위례신도시 인기가 크게 올라가면서 끝난 줄 알았던 불씨가 다시 살아났다.

거여·마천 뉴타운 구역별 정보

거여 2-1구역과 2-2구역, 마천 4구역 사업의 진행 속도가 빨라지

| 거여·마천 뉴타운 구역별 진행상황 |

구역	조합원 수	건립세대 수	진행상황
거여 2-1구역	1,448명	1,945세대	2022년 1월 입주 예정
거여 2-2구역	670명	1,199세대	2020년 6월 입주
거여 3구역			존치관리구역
마천 1구역	1,672명	2,413세대	조합설립인가 준비 중
마천 2구역			존치관리구역, 재지정 신청 중
마천 3구역	1,303명	2,367세대	조합설립 후 건축심의 준비 중
마천 4구역	646명	1,383세대	사업시행계획인가 신청 중
마천 5구역			(마천성당) 존치관리구역, 재지정 신청 중

면서 거여 2-2구역(e편한세상송파파크센트럴)은 2020년 6월 입주가 완료되었고 2-1구역(송파시그니처캐슬)은 2022년 1월 입주를 목표로 공사가 진행 중이다.

취소되었던 마천 1, 2, 3구역은 다시 사업을 추진하려고 움직이고 있다. 마천 1구역은 2019년 구역 재지정을 목표로 다시 깃발을 올리고 있고, 2구역 역시 재지정 동의서를 70% 정도 확보하면서 발걸음을 빨리하고 있다.

부동산시장 분위기 상승과 더불어 재개발사업이 속도를 내면서 구역에 따라 수억 원 이상의 프리미엄이 형성되었다. 마천 3구역은 2017년 6월 1일 다시 구역 지정이 되어 조합설립 후 건축심의 준비 중으로 아직은 사업 초기 단계다.

마천 4구역은 용적률 298%로 사업성이 좋고 사업시행계획인가를 신청하는 등 속도를 내고 있다.

마천 2구역은 2012년 구역 지정이 되었지만 2014년 해제되었고 2017년 존치관리구역으로 지정되는 등 많은 어려움이 있었다. 그러나 조합원들의 재추진 분위기가 형성되어 현재 재지정을 받기 위해 노력하고 있다.

마천 5구역(마천성당)은 재개발 방식이 아닌 단독주택 재건축 방식으로 사업을 추진했으나 2014년 결국 구역 지정을 받지 못하고 존치관리구역으로 지정되었다. 하지만 부동산 상승기에 힘입어 현재 주민들의 동의를 받아 재지정을 위해 활발히 움직이고 있다.

거여새마을 구역은 2011년 거여·마천 재정비촉진지구에 포함되었지만, 2014년 박원순 전 서울시장이 실태조사를 실시해 주민 34%의 반대로 존치관리구역이 되면서 개발이 사실상 중단되었다. 하지만 2021년 서울시 공공재개발 2차 후보지에 선정되어 다시 기대가 높아지고 있다. 거여동 551-14번지 일대 6만 3,995m²에 총 1,429세대 공동주택 건립이 추진될 예정이다.

한때 외곽이라고 외면받던 거여·마천 뉴타운이 이제는 위례신도시가 인접하고 행정구역이 강남3구인 송파구라는 점이 부각되면서 인기 뉴타운으로 거듭나고 있다.

강남 유일의 재개발
거여·마천 뉴타운 2

거여 2구역

거여 2구역은 2-1구역(송파시그니처캐슬)과 2-2구역(e편한세상송파파크센트릴)이 있다. 송파구 거여동 181번지 일대 거여 2-1구역은 5호선 거여역 역세권으로 거여·마천 뉴타운 중 입지가 좋다는 평가를 받고 있다.

2008년 8월 구역 지정이 되어 2015년 4월 관리처분계획인가를 받았지만 2018년 5월 다시 관리처분계획 변경인가 절차를 거쳐 지상 33층 17개동 총 1,945세대 롯데캐슬 브랜드(송파시그니처캐

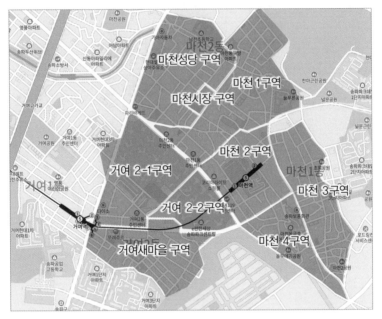

슬)로 2019년 일반분양을 했고 2022년 1월 입주 예정으로 공사가
진행 중이다. 조합원분양가는 전용 59m² 4억 3,800만 원, 84m²
5억 7,500만 원, 108m² 6억 5,200만 원이다. 평균 조합원분양가
는 1,670만 원 정도였으니 원조합원들은 큰 시세 차익을 얻은 효
자 구역이다.

　송파구 거여동 234번지 일대 거여 2-2구역은 5호선 마천역 역세
권으로 입지가 좋다. 2008년 8월 구역 지정이 되었고 2015년 6월
관리처분계획 변경인가가 고시되어 지상 33층 12개동 1,199세대
대단지 아파트로 2016년 12월 착공에 들어가 2020년 6월 입주를

완료했다.

e편한세상송파파크센트럴 브랜드로 2017년 12월 일반분양을 했는데 당시는 지금처럼 과열 상황이 아니었음에도 380세대 평균 경쟁률 12.6:1이라는 성공적인 분양 성적을 얻을 정도로 인기가 있었다.

조합원분양가는 전용 59m² 4억 3천만~4억 6천만 원, 84m² 5억 8,800만~6억 1천만 원, 113m² 7억 2천만 원으로 평균 조합원분양 가는 1,780만 원 정도였다. 일반분양가는 전용 59m² 2,508만 원, 84m² 2,380만 원 정도였으니 원조합원들뿐만 아니라 일반분양을 받은 사람들도 상당한 투자수익을 거둬들였다.

마천 1구역

송파구 마천동 194-1번지 일대 마천 1구역은 거여 2-1구역, 마천 2구역과 인접해 있으며 거여·마천 뉴타운 중 면적이 가장 넓다. 2005년 3차 뉴타운으로 지정되었지만 부동산시장 침체와 소송 등 으로 지지부진하다가 2014년에 구역 해제가 되었다.

2015년부터 서울 부동산시장이 살아나자 재개발을 다시 추진 해 2018년 정비구역 재지정을 위한 동의서 75% 이상을 구청에 제 출했고, 2020년 1월에 구역 지정이 되어 조합추진위원회를 설립 하고 조합설립인가를 준비 중에 있다.

구분	내용
구역명	마천 1구역
위치	서울시 송파구 마천동 194-1번지 일대
진행 단계	조합설립인가 준비 중
면적	184,498m²
건폐율/용적률	26%/218%
조합원 수	1,672명
건립세대 수	총 2,550세대(임대 391세대)

단기간에 추진되기는 어렵겠지만 장기적으로는 충분히 투자해 볼 만한 구역이 마천 1구역이다. 2019년 마천 1구역 촉진계획 변경에 따라 세대 수는 기존 2,685세대에서 2,550세대로 줄었고 우체국은 존치되었지만 송파상운차고지 부지는 구역에서 제외되었다.

마천 1구역의 조합원 수와 조합원 대비 일반분양 물량을 감안하면 수익성은 괜찮은 편이다. 조합에서는 기부채납 비율을 효과적으로 조정해 용적률을 더 높일 계획을 가지고 있어 계획처럼 된다면 수익성은 더 좋아질 수도 있다.

전환다세대 및 토지분할(일명 지분 쪼개기) 물건의 경우에는 2020년 1월 2일에 다시 구역 지정이 되었더라도 권리산정기준일(2010년 7월 16일)이 아닌 2003년 12월 30일을 기준으로 판단하는 것이 맞다.

마천 2구역

마천 2구역은 2006년 10월 19일 재정비촉진지구로 지정되었고 2012년 구역 지정이 되었지만 주민들의 해제 요청으로 2014년 해제되면서 2017년 2월 존치관리구역으로 지정되었다. 최근 구역 재지정을 위해 주민 동의서를 받아 재지정 신청을 해 서울시의 결정이 남은 상태인데 기대와 달리 긍정적인 결과가 나오기는 어려울 것 같다. 2구역도 1구역과 함께 지분 쪼개기 기준은 2003년 12월 30일이다.

마천 3구역

서울시 송파구 마천동 283번지 일대 마천 3구역의 사업 면적은 대략 133,800m²(4만 평 정도)로 1구역보다는 조금 작지만 대단지 아파트로 재탄생하기에는 손색이 없다. 2013년 6월 구역 지정이 해제되었지만 촉진구역 변경을 통해서 2017년 6월 다시 재정비촉진구역으로 지정되었고 2020년 7월 조합설립인가가 완료되면서 다시 사업이 추진되고 있다.

촉진계획 변경으로 용적률 270%, 지상 32층 총 2,367세대로 건립될 계획이다. 마천 3구역은 재개발 초기 단계지만 매물 가격은 많이 올라 사업 진행 속도가 빠른 4구역과 비슷한 수준의 시세가

구분	내용
구역명	마천 3구역
위치	서울시 송파구 마천동 283번지 일대
진행 단계	조합설립인가 후 건축심의 준비
면적	133,800m²
건폐율/용적률	30%/270%
조합원 수	1,303명
건립세대 수	총 2,367세대(임대 480세대)

형성되어 있다. 그러다 보니 장기투자가 가능한 사람들은 사업 진행 속도는 다소 늦지만 매물가격이 더 낮은 1구역을 선택하는 것이 더 유리할 수 있다.

　마천 3구역은 재개발을 반대하는 조합원들이 서울시와 송파구청을 상대로 노후도 측정 기준을 위반했다고 소송을 제기한 적이 있었다. 그러나 이 소송은 2심에서 패소하면서 3구역은 2020년 7월 조합설립 후 그간 소송으로 발목이 잡혀 있었던 사업에 속도를 내고 있다.

마천 4구역

서울시 송파구 마천동 323번지 일대 마천 4구역 남쪽에는 위례신도시가 있어 위례신도시의 기반시설 이용이 가능하고 5호선 마천역 접근성도 좋다. 무엇보다 입주를 완료한 거여 2-2구역(e편한세상 송파파크센트럴)과 공사 중인 거여 2-1구역(송파시그니처캐슬)을 제외하고 남은 마천 1~4구역 중 4구역은 가장 사업 진행 속도도 빨라 인기가 높고 프리미엄 역시 높게 형성되어 있다.

2008년 8월 정비구역 지정이 되었고 2015년 8월 조합설립인가가 되었으며 2018년 제16차 서울시 건축위원회에서 조건부 건축심의가 통과되었다. 참고로 마천 1~4구역의 사업 진행 속도는 4구역-3구역-1구역-2구역 순이다.

마천 4구역은 용도지역이 제2종 일반주거지역에서 제3종 일반주거지역으로 상향되면서 용적률을 254%에서 300%로 올릴 수 있게 되어 수익성이 개선되었다. 총 분양 물량 1,389세대 중 조합원 수 578명으로 일반분양 비율이 45% 정도로 사업성이 좋다. 조건부로 건축심의는 통과되었고 2019년 11월 사업시행계획인가를 접수하면서 임대주택 의무 비율 최고 30% 적용은 피하게 되었다. 재개발 사업장에서 임대주택 의무건설 비율이 상향된다는 것은 사업 수익성의 하향을 의미하기 때문이다.

| 마천 4구역 개요 |

구분	내용
구역명	마천 4구역
위치	시울시 송파구 마천동 323번시 일대
진행 단계	조합설립인가 후 사업시행인가 접수
면적	60.653m²
건폐율/용적률	21%/298%
조합원 수	646명
건립세대 수	총 1,383세대(임대 175세대)

마천 5구역

마천 5구역은 2011년 촉진지구로 결정 고시가 되면서 단독주택 재건축 방식으로 사업을 추진했으나 2014년 구역 지정 당시 주민들의 반대가 30% 이상이 되어 구역 지정을 받지 못했다. 2014년 결국 존치관리구역으로 지정되었으나 현재 마천 2구역과 마찬가지로 주민 동의를 받아 구역 재지정을 신청해 서울시 결과를 기다리고 있지만 쉽지는 않아 보인다. 설사 구역 지정이 된다고 하더라도 마천성당이라는 종교시설에 대한 존치(보존가치) 및 이전 문제로 인해 사업성이 떨어질 가능성이 있어 산 넘어 산이다.

이런 이유로 마천 5구역은 오랜 기간 투자자금이 묶일 수 있어 성급한 투자는 주의가 필요하다. 물론 어려운 난관을 극복하고 사업이 제대로 추진된다면 충분한 가치 형성이 가능하다.

2020년 12월 「도정법」 개정 이후 최초로 조합설립인가를 신청하는 재건축사업의 경우에는 2년 이상 거주를 해야만 분양신청이 가능하기 때문에 단독주택 재건축사업인 마천 5구역의 경우 향후 구역 지정이 되고 조합설립이 되는 경우 2년 거주까지 감안한 투자전략을 세울 필요가 있겠다.

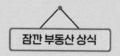
취득세 완벽 정리

2020년 7·10대책으로 주택에 대한 취득세가 중과되었다. 기존에는 4주택 이상에 대해서만 4%의 중과세율이 적용되었지만 7·10대책 이후 계약분부터는 더욱 세분화되어 최저 1%에서 최고 12%까지 무거운 중과가 적용된다.

취득세는 양도 시 양도세 필요경비에 인정되기에 굳이 긍정적으로 생각하자면 팔 때 이미 낸 취득세를 공제받을 수 있다. 하지만 양도세 비과세를 받을 수도 있는 것이고 지금 당장 내야 하는 돈인 만큼 아깝기도 하고 부담스러운 것은 사실이다.

취득세율 중과 기준

무주택자가 주택을 취득해 1주택이 되는 경우 새로이 취득하는 1주택의 취득세율은 기존과 동일하게 1~3%가 적용된다. 문제는 2주택 이상부터다. 조정대상지역에 주택을 구입해 2주택이 되는 경우 취득세율은 8%, 3주택 이상이거나 법인의 경우는 12%의 무지막지한 중과세율이 적용된다. 취득가액이 10억 원이면 무려 1억 2천만 원의 취득세를 내야 한다. 계산 편의상 취득세율만 적용해서 그렇지 농어촌특별세와 지방교육세까지 더하면 부담은 더 늘어난다. 비조정대상지역은 아주 조금 약한 중과가 적용되는데 2주택이 되는 경우까지는 1~3%의 세율이 적용되는 반면, 3주택은 8%, 4주택 이상이거나 법인은 12% 세율이 적용된다.

| 취득세 중과세율 기준표 |

구분	조정대상지역	비조정대상지역	비고
1주택	1~3%	1~3%	
2주택	8%	1~3%	일시적 2주택 1~3%
3주택	12%	8%	
4주택	12%	12%	
법인	12%	12%	

취득세 중과 주택 수에서 제외되는 주택

그러면 주택 수가 얼마나 되느냐가 중요한 절세 포인트가 될 수 있다. 양도세 중과 주택 수에 포함되느냐 안 되느냐도 복잡한데 취득세까지 주택 수에 포함되느냐 따져야 하니 이래저래 부동산은 참 복잡하고 어렵다. 다음의 주택, 조합원 입주권, 분양권, 오피스텔은 취득세 주택 수에서 제외 대상이 된다.

취득세 중과 주택 수 제외 주택

1) 다음의 어느 하나에 해당하는 주택

　가. 주택 수 산정일 현재 해당 주택의 시가표준액이 1억 원 이하인 기준을 충족하는 주택

　　단, 「도시 및 주거환경정비법」(이하 「도정법」)에 따른 정비구역으로 지정, 고시된 지역 또는 빈집 및 소규모주택 정비에 관한 특례법 사업시행구역에 소재하는 주택은 제외한다.

　나. 노인복지주택, 공공지원 민간임대주택, 가정어린이집으로 운영하기 위하여 취득하는 주택, 사원에 대한 임대용으로 직접 사용할 목적으로 취득하는 주택에 해당하는 주택으로서 주택 수 산정일 현재 해당 용도에 직접 사용하고 있는 주택

　다. 국가등록문화재에 해당하는 주택

　라. 멸실시킬 목적으로 취득하는 주택(정당한 사유 없이 그 취득일부터 3년이 경과할 때까지 해당 주택을 멸실시키지 않은 경우는 제외)과 주택

의 시공자가 주택의 공사 대금으로 취득한 미분양 주택(주택

　취득일부터 3년 이내의 기간으로 한정)

마. 법령이 정한 농어촌주택

2) 주거용 건물 건설업을 영위하는 자가 신축해 보유하는 주택

다만, 자기 또는 임대계약 등 권원을 불문하고 타인이 거주한 기

간이 1년 이상인 주택은 제외한다.

3) 상속을 원인으로 취득한 주택, 조합원 입주권, 분양권, 오피스텔

로서 상속개시일부터 5년이 지나지 않은 주택, 조합원 입주권,

분양권, 오피스텔

4) 주택 수 산정일 현재 시가표준액이 1억 원 이하인 오피스텔

부연 설명을 하면 공시가격 1억 원 이하 주택과 오피스텔을 보

유하고 있으면 취득세 주택 수에서 제외가 된다. 예를 들어 공시가

격 9천만 원인 아파트 2채를 보유하고 있는 사람이 조정대상지역

1채를 구입하는 경우 3주택 12%가 적용되지 않고 1주택 1~3%의

취득세율이 적용되는 것이다.

재건축·재개발 정비사업의 주택이 1억 원 이하여도 주택 수에

포함이 되는 점은 주의가 필요하다. 또한 오피스텔의 경우 2020년

8월 12일 이후에 취득한 오피스텔 중 재산세 과세대장 기준으로

주택이라면 그 주거용 오피스텔은 주택 수에 포함된다.

2019년에 구입한 오피스텔이 있다면 지금 구입하는 주택은 취

득세 중과 대상이 되지는 않는다. 참고로 취득세율 기준이 그렇다

는 것이지 양도세 주택 수가 그렇다는 의미는 아니기에 주의가 필요하다. 노인복지주택, 문화재, 농어촌주택 등도 제외가 될 수 있고 3년 내 멸실시킬 목적으로 취득하는 주택도 제외된다. 상속으로 주택, 조합원 입주권, 분양권, 오피스텔을 받는 경우에는 상속개시일부터 5년이 지나지 않으면 취득세 주택 수에서 제외된다.

그리고 배우자와 30세 미만 미혼 자녀는 세대 분리를 해도 1세대로 간주된다. 30세 미만 미혼 자녀라도 미성년자가 아니고 경제활동을 해서 소득이 있는 경우 그 소득이 「국민기초생활 보장법」 제2조 제11호에 따른 기준 중위소득의 40% 이상으로 분가하는 경우에는 별도 세대로 인정해준다. 또 65세 이상의 직계존속(부모님과 배우자 부모님 포함)을 동거봉양하기 위해 같은 세대가 된 경우에는 각각 별도 세대로 간주된다.

부부가 공동 명의인 경우에는 1개 주택으로 인정되지만 동일 세대가 아닌 지분을 소유하는 경우에는 각각 1주택을 소유한 것으로 산정된다. 예를 들어 남편 1/2, 부인 1/2 지분으로 공동 명의 주택을 보유한 부부가 새로이 1주택을 구입하는 경우 공동 명의 주택은 1주택으로 보아 2주택 기준이 적용되지만, 남편 1/2, 시동생 1/2 공유지분 주택을 보유한다면 남편, 시동생 각각 1주택으로 인정된다.

동작구의 신흥 주거지
노량진뉴타운 1

흑석뉴타운과 함께 동작구의 대표 뉴타운인 노량진뉴타운은 사업 면적 73만 8천m² 총 8개 구역 8,100여 세대의 주택이 공급될 계획이다. 1~6구역은 노량진동, 7, 8구역은 대방동에 위치해 있으며 북쪽으로는 지하철 1호선과 9호선 노량진역, 남쪽으로는 7호선 장승배기역을 이용할 수 있다. 완만한 경사가 있기는 하지만 평지가 많고 일부는 한강 조망도 가능해서 점점 인기가 높아지고 있다.

보통 노량진 하면 노량진 수산시장과 고시촌 이 두 가지가 떠오른다. 20~30대 고시생들이 이용하는 고시원, 원룸 등 임대주거시설과 먹거리 상권 문화가 형성된 지금까지의 노량진 이미지는 향

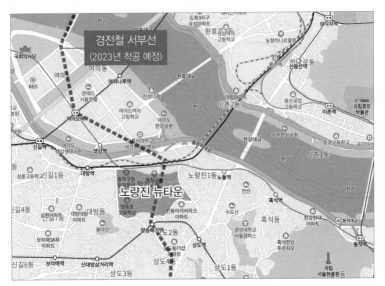

자료: 투미부동산

후 뉴타운 개발이 완성되면 눈에 띄게 달라질 것이다. 대한민국 커피 시장을 장악한 스타벅스가 의외로 다른 지역에 비해 늦게 입점한 곳이 노량진이며 고객들의 자유로운 이용과 공간을 판다는 스타벅스에서조차 전기 콘센트를 많이 배치하지 않을 정도로 노량진의 고시 공부 수요는 유명하다. 이런 노량진이 뉴타운 개발로 향후 8,100여 세대 미니 신도시로 재탄생되면 강남5구 동작구의 신흥 주거지로 우뚝 설 것이다.

　지하철 1호선과 9호선, 7호선 이용이 가능하고 올림픽대로, 강변북로, 남부순환로, 성산대교, 마포대교, 동작대교 접근성도 좋아 강남, 용산, 여의도, 광화문, 동대문 등 서울 도심 업무지역을 30분

| 노량진뉴타운 구역별 진행상황 |

구역	조합원 수	건립세대 수	진행상황
노량진 1구역	1,041명	2,992세대	조합설립인가 후 건축심의 준비 중
노량진 2구역	146명	421세대	관리처분 준비 및 접수 중
노량진 3구역	586명	1,012세대	관리처분 준비 중
노량진 4구역	417명	844세대	관리처분계획인가 준비 중
노량진 5구역	409명	746세대	관리처분 준비 중
노량진 6구역	725명	1,499세대	관리처분계획인가 접수
노량진 7구역	375명	614세대	관리처분 준비 중
노량진 8구역	435명	1,007세대	관리처분 준비 중

이내로 갈 수 있는 직주근접 편리성이 노량진뉴타운의 가장 큰 장점이다.

장재터널 개통과 서부선 경전철, 여의도 육교 건설계획으로 교통환경은 더욱 개선될 것 같다. 2019년 2월 장재터널 개통으로 강남 접근성도 크게 개선되었고 노량진 수산시장에서 여의도로 이어지는 육교가 완성되면 여의도 접근성은 더욱 좋아질 것이다.

은평구 새절역(6호선)에서 신촌-여의도-노량진을 지나 서울대입구역까지 연결되는 서부선은 적격성 조사가 진행 중이나 생각보다 더 긴 시간이 필요할 것 같다. 하지만 우수한 입지와 교통환경을 감안하면 마포, 옥수·금호동, 흑석처럼 젊은 신흥 부촌의 탄생은 시간 문제로 보인다.

상업시설이 부족하다는 평가가 있는데 노량진뉴타운 개발이 완성되면 상당 부분 보완될 것이다. 현 동작구청도 7호선 장승배기역의 종합행정타운으로 이전되면 남은 부지에 청년주택과 상업시설, 커뮤니티시설 등의 복합시설이 개발될 것으로 예정되어 있다.

노량진뉴타운은 총 8개 구역으로 개발되는데 1구역과 3구역이 입지는 가장 좋고, 2구역과 6구역, 7구역은 진행 속도가 빠른 편이며 5구역과 8구역은 사업성이 좋다.

다음 장에서 노량진뉴타운의 각 구역별 장점과 단점 및 재개발 사업 진행상황에 대해 상세히 알아보도록 하자.

동작구의 신흥 주거지
노량진뉴타운 2

노량진 1구역

동작구 노량진동 278-4번지 일대 노량진 1구역은 2009년 정비구역 지정 이후 2017년 11월 조합설립인가를 받아 건축심의를 준비하고 있다. 노량진뉴타운 중 사업 규모가 가장 크고 위치가 좋은 1구역은 단독주택과 다가구주택의 밀집 지역이다. 50평 이상 지분이 큰 조합원이 많고 건립세대 수에 비해 조합원 비율이 낮아 일반분양 물량이 많을 것으로 예상되면서 사업성이 좋다는 평가를 받고 있다.

| 노량진뉴타운 구역도 |

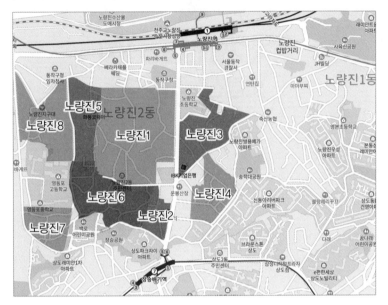

자료: 투미부동산

제3종 일반주거지역 131,184m² 부지에 조합원 1,801명의 주택재개발을 통해 용적률 240%를 적용해 최고 28층 임대 340세대를 포함한 총 1,997세대로 건립할 계획이었다. 그러나 촉진계획 변경에 따라 용적률이 264%로 상향되었고 조합원 수도 1,041명으로 조정되어 995세대가 더 늘어나 총 세대 수 2,992세대 대단지가 되면서 사업성이 크게 좋아져 조합원들에게 1+1 공급이 가능해졌다.

구역 내 학교, 종교부지 등 협의가 어려운 시설이 없다는 점과 골드라인인 9호선을 비롯해 1호선, 7호선 이용이 가능하며 한강 조

구분	내용
구역명	노량진 1구역
위치	서울시 동작구 노량진동 278-4번지 일대
진행 단계	건축심의 준비 중
면적	132,132m²
건폐율/용적률	26.78%/264.43%
조합원 수	1,041명
건립세대 수	총 2,992세대(임대 574세대)

망도 가능하다는 점은 분명한 장점이다. 하지만 입지적 우위 때문인지 조합원들 관심이 다소 낮은 편이고 조합설립인가 이후 재개발 사업에 반대하는 비상대책위원회의 조합설립 무효소송, 고시생들에게 원룸을 임대해 받는 월세 수입으로 생활하는 조합원들의 비협조 등으로 사업 기간이 길어지고 속도가 느린 점은 단점이다.

노량진역사와 수산시장 2단계 사업, 2021년 동작구청 이전 등 각종 개발사업의 호재는 미래가치로 연결될 수 있어 사업 추진 속도만 빨라지면 인기가 더 커질 가능성이 높은 구역이 1구역이다.

한남동·성수동 재개발이 끝나면 노량진 1구역은 서울 재개발 구역 중 최고 입지다. 개발이 안 되어도 땅값이 많이 오르는 곳이다. 노량진역사와 수산시장 2단계, 2022년에 동작구청까지 개발하면 땅값은 많이 올라 한남뉴타운 가격까지 넘볼 것이다.

노량진 2구역

서울시 동작구 노량진동 312-75번지 일대 노량진 2구역은 2009년 정비구역 지정 후 2010년 6월에 조합설립인가, 2014년 8월에 사업시행계획인가를 받았다. 시공사는 SK건설로 선정되었는데, 참고로 SK건설은 2구역뿐만 아니라 7구역 시공사로도 선정되었고 6구역에는 컨소시엄으로 참여해 노량진뉴타운에만 2,500여 세대의 SK타운 대단지 아파트를 공급할 계획이다. 2구역은 7호선 장승배기역 초역세권이고 1·9호선 노량진역도 도보 이용이 가능하며 올림픽대로 등 간선도로 접근성도 좋다.

장승배기역 일대는 향후 지상 10층 규모인 장승배기 종합행정타운 개발과 서부선 경전철이 예정되어 있어 미래가치도 높다. 사업시행계획인가 이후 구역 내 대형 상업 빌딩과 협의가 잘 되지 않아 사업이 답보 상태였지만 문제가 해결되어 다시 속도를 내면서 조합원 분양신청까지 완료되었고 현재 감정평가 중에 있다.

6, 7구역과 함께 진행 속도가 빠른 구역 중 하나로 2021년 하반기 이주 예정이다. 빠른 진행 속도와 함께 용도지역이 준주거지역으로 역세권 밀도계획이 적용되어 용적률이 무려 403%로 매우 높은 점은 장점이지만, 면적 16,072m², 총 421세대로 노량진뉴타운에서 가장 규모가 작은 점은 단점이다.

구분	내용
구역명	노량진 2구역
위치	서울시 동작구 노량진동 312-75번지 일대
진행 단계	관리처분인가 신청
면적	16,072m²
건폐율/용적률	43%/403%
조합원 수	146명
건립세대 수	총 421세대(임대 106세대)

노량진 3구역

서울시 동작구 노량진동 232-19번지 일대 노량진 3구역은 1구역 다음으로 부지 면적(73,300m²)이 넓고 일부 동이지만 한강 조망이 가능하다. 지하철 1·9호선 노량진역과 7호선 장승배기역 도보 이용이 가능하고 구역 내에 초등학교까지 있어 직주근접에 학부모 수요까지 더해져 1구역과 함께 최고의 구역으로 평가받고 있다. 경사면이 약간 있지만 큰 문제가 되지는 않을 것이고 단지 내 상가는 기존 노량진 상권과 연결되어 편의시설 이용도 편리할 것 같다.

노량진 3구역은 최고 30층 총 1,012세대 아파트로 건립될 예정으로 조합설립인가 후 건축심의가 완료되어 사업시행계획인가 상태다. 종교부지(성당)는 이전하기로 협의되었고 학교(노량진초등학교)

구분	내용
구역명	노량진 3구역
위치	서울시 동작구 노량진동 232-19번지 일대
진행 단계	관리처분 준비 중
면적	73,068m²
건폐율/용적률	22.20%/241.26%
조합원 수	586명
건립세대 수	총 1,012세대(임대 174세대)

는 존치하기로 결정되었다.

고시원을 운영하는 조합원들의 반대도 있어 다소 늦어질 것으로 생각했지만 사업시행계획인가 전 마지막 단계인 교육환경영향 평가가 통과되어 2021년 3월 4일 사업시행인가 고시가 되었고, 2021년 내 시공사 선정을 마칠 것으로 예상된다.

노량진 4구역

서울시 동작구 노량진동 227-121번지 일대 노량진 4구역은 2009년 정비구역 지정 이후 2018년 사업시행계획인가를 받아 사업 속도가 빠른 구역으로 최고 30층 11개동 860세대가 건립될 예정이다.

7호선 장승배기역이 더 가깝지만 노량진역도 도보 10분 거리여서 교통 여건은 좋은 편이다. 구역 내 유치원, 어린이 도서관 등 생활편의시설이 예정되어 있고, 인근 3구역 내 초등학교가 있어 학부모 수요 유입도 기대할 수 있다. 요즘 대세인 전용 85m² 이하 소형 면적 위주로 구성되어 있는 점도 장점이다.

노량진역 인근에 있는 동작구청과 구의회, 경찰서를 장승배기역 인근 영도시장 쪽으로 이전해 종합행정타운으로 조성할 예정이어서 주거환경 및 상권은 더 개선될 것 같다. 장승배기역에서 단지까지 이어지는 길에 존치지역이 있어 다소 어수선할 수 있고 약간의 경사면도 있지만 큰 문제가 되지는 않는다.

사업시행인가 후 조합장이 비리 문제로 해임되기도 했지만 2019년 새로운 조합장과 집행부가 선출되면서 다시 속도를 내고 있으며 두 번의 유찰 끝에 2020년 9월 현대건설로 시공사가 결정되었다.

2017년 8·2대책으로 재개발 조합원 지위변경 금지(전매제한) 규제가 적용되고 있는데, 다행히 노량진 4구역은 조합원 지위변경 금지가 배제되어 거래가 가능하다. 2017년 10월 24일 「도정법」 개정으로 인해 2018년 1월 24일 이후에 사업시행계획인가를 신청한 구역에 대해서는 관리처분계획인가부터 소유권이전등기 시까지 전매가 금지되었는데, 노량진 4구역은 그 이전에 신청을 완료했기에 규제 대상이 아닌 것이다.

구분	내용
구역명	노량진 4구역
위치	서울시 동작구 노량진동 227-5번지 일대
진행 단계	관리처분계획인가 준비 중
면적	40,512m²
건폐율/용적률	23%/247%
조합원 수	417명
건립세대 수	총 844세대(임대 145세대)

노량진 5구역

서울시 동작구 노량진동 270-3번지 일대 1구역과 8구역 사이에 위치한 노량진 5구역은 대체적으로 경사가 없는 평지이며 지하철 1호선과 9호선 이용이 가능하다. 2009년 구역 지정 후 2016년 조합설립인가가 되었고 건축심의 통과 후 2020년 8월 사업시행계획인가를 접수하면서 2020년 9월 강화된 임대주택 의무 비율(최고 30%)을 피할 수 있게 되었다. 3구역과 마찬가지로 교육환경영향평가가 무난히 통과되어 2021년 3월 4일 사업시행인가 고시가 되었다.

제1종과 제3종 일반주거지역이 혼재되어 있어 사업성이 좋지

구분	내용
구역명	노량진 5구역
위치	서울시 동작구 노량진동 270-3번지 일대
진행 단계	관리처분 준비 중
면적	38,017m²
건폐율/용적률	18.57%/270.63%
조합원 수	409명
건립세대 수	총 727세대(임대 130세대)

못했으나 최근 정비계획안을 변경해 소형주택 비율을 늘리는 조건으로 용적률 20%p를 추가로 적용받아 종전의 623세대에서 30층 8개동 727세대로 104세대가 더 늘어나 사업성이 개선되었다.

늘어난 104세대 중 26세대는 한 집에 별도의 출입구를 내서 생활공간을 분리해 한 지붕 2가구처럼 다가구가 독립적인 주거생활을 할 수 있도록 설계한 세대분리형 아파트(부분임대)로 개발된다. 1~2인 가구가 늘어나는 요즘 시대 변화에 발맞춰 세대분리형 아파트가 늘어나고 있는 추세로, 최근 흑석 7구역에서는 전체 공급량의 1/3 수준인 322가구를 이러한 부분임대로 전환하기도 했다. 노량진 5구역의 부분임대는 여의도와 용산, 광화문 등 직장인 수요 흡수에 도움이 될 수 있다.

지분이 큰 대형 교회와의 협의가 걸림돌인데 이전 협의는 되었지만 총 사업비에서 보상비 및 기타 사업비의 규모가 커질 수 있어서 조합원들의 수익에 영향이 갈 수도 있을 것 같다.

정비계획안 변경으로 사업성이 개선되었고 반대 조합원들의 조합설립 무효소송도 패소되었으며 대형 교회 이전 문제도 협의가 되어 사업 추진에 있어서 큰 걸림돌들은 대부분 제거되었다.

노량진 6구역

서울시 동작구 노량진동 294-220번지 일대 노량진 6구역은 행정구역은 노량진동이지만 상도동에 가까워 7호선 장승배기역 이용이 더 편하다. 사업 속도가 빠르고 주변에 초·중·고등학교가 위치해 있어 주거 만족도가 높을 것으로 기대된다.

최고 28층 11개동 1,283세대 아파트로 건립될 예정이었지만 2018년 사업시행변경안이 통과되면서 용적률이 11.95%p 늘어나 총 1,499세대(임대 262세대 포함)로 개발될 예정이다. 늘어난 216세대만큼 사업성이 더 좋아진 것이다.

2009년 정비구역 지정 이후 2011년 조합설립인가, 2014년 사업시행계획인가를 받았고 2018년 사업시행계획이 변경되었으며 시공사는 SK건설과 GS자이 컨소시엄으로 선정되었다. 2021년 관리처분계획인가와 이주를 목표로 하고 있다. 조합원 평균 분양가는 3.3m²당 1,900만 원 정도, 일반분양가는 2,700만 원 정도로

구분	내용
구역명	노량진 6구역
위치	서울시 동작구 노량진동 294-220번지 일대
진행 단계	관리처분계획인가 접수 중
면적	73,892m²
건폐율/용적률	18.22%/267.95%
조합원 수	725명
건립세대 수	총 1,499세대(임대 262세대)

알려져 있으나 부동산시장 분위기를 감안하면 더 높아질 듯하다.

문제가 되었던 문화센터 건립 위치가 상가 앞쪽으로 변경되었고 영등포 중학교와 고등학교 일조권 문제도 잘 협의되어 사업 진행에는 문제가 없을 것 같다. 다소 경사면이 있지만 1,500세대에 가까운 대단지 새 아파트로 일부 한강 조망도 가능할 것으로 보여 빠른 사업 진행 속도에 발맞춰 인기를 끌 것으로 기대된다.

노량진 7구역

서울시 동작구 대방동 13-31번지 일대 노량진 7구역은 입지가 다소 떨어지고 2구역 다음으로 규모가 작아 좋은 평가를 받지는 못

구분	내용
구역명	노량진 7구역
위치	서울시 동작구 대방동 13-31번지 일대
진행 단계	관리처분계획인가 준비 중
면적	33,613m²
건폐율/용적률	24%/237%
조합원 수	375명
건립세대 수	총 614세대(임대 104세대)

하고 있다. 하지만 초·중·고등학교와 학원가가 가까이 있어 교육환경을 우선으로 생각하는 실수요자들한테는 오히려 실속 있는 좋은 대안이 될 수도 있다.

2010년 정비구역 지정 후 2013년 조합설립인가, 2017년 사업시행계획인가를 완료하고 SK건설이 시공사로 선정되었다. 7구역은 다세대 빌라 밀집지역이고 2구역 다음으로 규모가 작아 단독주택 비율이 높은 타구역들에 비해 사업성이 떨어지는 구역이었다.

하지만 이런 낮은 사업성 때문에 가격적으로 타구역에 비해서는 유리한 측면이 있고 최근 551세대에서 614세대로 늘리는 사업시행계획인가 변경이 완료되면서 사업성도 다소 개선되었다. 노량진 근린공원과 연결되는 용마산 체육시설과 둘레길 이용이 가능하고 교육환경도 좋아 사업성이 개선된다면 빠른 사업 진행 속도와 함께 기회가 될 수 있는 구역이 노량진 7구역이다.

노량진 8구역

서울시 동작구 대방동 44-1번지 일대 노량진 8구역은 여의도와 용산이 가깝고 대방역과 노량진역 사이에 위치하고 있어 직장인 수요 유입이 용이하다. 또 초·중·고등학교가 인근에 있어 자녀를 키우는 교육환경을 생각하는 직장인 부모들의 관심이 더 높은 구역이다.

사업 진행도 빨라 2010년 구역 지정 이후 2012년 조합설립인가, 2018년 사업시행계획인가를 받아 감정평가와 조합원 분양신청이 모두 완료되었다. 임기가 만료된 조합장 및 임원 선출을 위한 임시총회가 2021년 1월 임시(선거)총회에서 결정되었고 2021년 관리처분계획인가 및 이주, 2022년 착공 및 일반분양을 목표로 사업을 추진하고 있다. 상황에 따라 다소 늦어질 수는 있지만 시간이 해결해줄 것이며 개발이 완료되면 여의도, 용산 배후 주거지로서 인기를 끌 수 있을 것으로 기대된다.

최고 29층 11개동 1,007세대로 개발될 예정이며 일반분양 비율이 높아 사업성도 좋은 편이다. 시공사는 대림산업 e편한세상이다. 다만 8구역 북쪽에 위치한 교회와 협의가 잘 되지 않아 교회를

| 노량진 8구역 개요 |

구분	내용
구역명	노량진 8구역
위치	서울시 동작구 대방동 44-1번지 일대
진행 단계	관리처분계획인가 준비 중
면적	57,426m²
건폐율/용적률	20%/229%
조합원 수	435명
건립세대 수	총 1,007세대(임대 172세대)

빼고 사업이 진행될 예정이며, 지하철역까지 거리가 완전 역세권
은 아닌지라 도보 이용이 다소 불편할 수 있는 게 단점이다.

대규모 정비사업으로 우뚝 선
흑석뉴타운 1

한강 이남에 위치하고 있음에도 강남3구(서초·강남·송파)에 비해 제대로 평가받지 못했던 동작구가 달라지고 있다. 동작구는 서초구와 인접해 있지만 구릉지가 많은 낙후된 주거 여건 때문에 그간 제대로 평가받지 못했다.

6·25전쟁으로 이사 온 피난민들이 주로 몰려 산 구릉지 지역이었던 흑석동은 택시 기사들이 잘 들어가지 않으려 했을 정도로 대표적인 서울의 낙후 지역 중 하나였다. 하지만 지하철 9호선 개통과 함께 흑석뉴타운이라는 대규모 정비사업이 진행되면서 마포에 버금가는 신흥 부촌의 자리에 우뚝 올라섰다.

흑석뉴타운 기본정보

흑석뉴타운은 동쪽으로 강남, 서쪽은 영등포, 북쪽은 한강을 넘어 용산이 자리를 잡고 있을 정도로 입지가 좋다. 골드라인 지하철 9호선이 강남, 여의도로 연결되어 있고 차량을 이용하면 20분 내 강남, 여의도, 용산 접근이 가능해 직주근접이 이보다 더 좋을 수는 없는 곳이다.

현충원과 서달산 둘레길 등 33만 평의 녹지환경이 인접해 있으며 일부 단지에서는 한강 조망도 가능하다. 하지만 구릉지 언덕길과 부족한 생활 인프라, 교육환경은 다소 아쉽다. 흑석시장이나 단지 내 상권은 형성되어 있지만 대형마트 상권이 없고 초입에 위치한 흑석 1구역과 2구역의 노후화된 상가 건물 및 골목 이미지는 신흥 부촌으로 거듭나는 흑석의 이미지에 마이너스 요인이 되고 있다.

병원 건립으로 중대부고가 이전한 이후 우수한 중·고등학교가 부족하고 좋은 학원가가 없다는 점은 떠오르는 신흥 부촌 흑석의 명성을 감안하면 개선되어야 할 부분이다.

물론 고등학교 신설이 예정되어 있다. 또 구역별 차이는 있지만 결국 대규모 새 아파트 단지들의 입주가 완료되고 인근 노량진뉴타운 개발까지 완료되면 강남 접근이 부담스러운 고급 중산층의 수요가 유입되면서 현재의 불편함은 상당 부분 해결될 것이다. 확실한 신흥 부촌으로서의 흑석뉴타운은 시간 문제다.

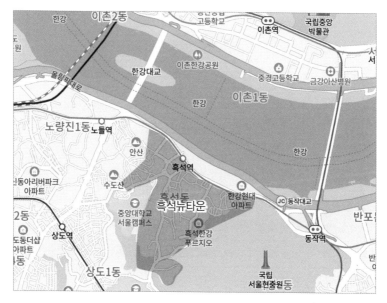

자료: 파이낸셜뉴스

흑석뉴타운 구역별 정보

흑석뉴타운은 서울 동작구 흑석동 84-10번지 일대 89만 8,610m²를 재개발해 11개 구역 1만 2천 세대의 새 아파트 대단지로 개발하는 정비사업이다. 2005년 서울 3차 뉴타운 지구로 선정되었고 2008년 재정비촉진구역으로 지정되어 구역 해제가 된 10구역을 제외한 나머지 구역들은 입주를 완료했거나 재개발사업을 진행하고 있다.

흑석뉴타운 11개 구역 중 자연경관을 위한 고도 제한으로 사업

구역	세대 수	진행상황
흑석 1구역		조합설립인가 준비 중
흑석 2구역	609세대	추진위원회 승인 후 조합설립 준비 중, 공공재개발 선정
흑석 3구역	1,772세대	착공 중, 2023년 초 입주 예정(GS건설)
흑석 4구역	863세대	흑석한강푸르지오(2012년 8월 입주)
흑석 5구역	655세대	흑석한강센트레빌1차(2011년 9월 입주)
흑석 6구역	963세대	흑석한강센트레빌2차(2012년 12월 입주)
흑석 7구역	1,073세대	아크로리버하임(2019년 12월 입주)
흑석 8구역	545세대	롯데캐슬에듀포레(2018년 11월 입주)
흑석 9구역	1,536세대	관리처분인가
흑석 10구역		2014년 7월 정비구역 해제
흑석 11구역	1,457세대	조합설립 후 신탁방식 재개발 추진 중

성이 낮은 10구역은 2014년 구역 해제가 되었다. 4~8구역은 입주가 완료되었으며 나머지 1, 2, 3, 9, 11구역은 재개발사업이 진행 중이다.

2011년 흑석 5구역(흑석한강센트레빌1차)을 시작으로 2012년 흑석 4구역(흑석한강푸르지오)과 6구역(흑석한강센트레빌2차)이 입주를 완료했다. 2011~2012년 서울 아파트시장 침체로 힘든 시기도 있었다. 하지만 2018년 부동산시장 분위기 상승 및 7구역(아크로리버하임)과 8구역(롯데캐슬에듀포레) 입주에 힘입어 흑석뉴타운은 마포, 옥

수·금호동과 함께 신흥 부촌으로 자리 잡았다.

가장 규모가 큰 흑석 3구역은 GS건설에서 시공을 맡아 2022년 입주 예정이다. 사업시행계획인가 후 롯데건설을 시공사로 선정한 9구역은 2019년 10월 관리처분인가를 받고 더욱 속도를 내고 있다.

흑석 1구역과 2구역은 입지는 매우 좋지만 사업 진행 속도가 느려 두 구역 모두 추진위원회 승인 단계였다. 그러나 2구역이 2021년 공공재개발 시범지구로 선정되면서 용적률 법적 상한의 120% 적용, 분양가상한제 적용 제외, 사업비 50% 및 이주비 보증금 70% 지원, 인허가 절차 간소화 등에 따라 빠른 진행이 기대되고 있다. 흑석 11구역은 2008년도 재정비촉진계획 수립 시 노후도 등 구역 지정 요건이 되지 않아서 존치관리구역으로 지정되었다가 2012년 흑석 11구역으로 구역 지정을 받고 조합설립이 되었다.

구역 해제가 된 흑석 10구역과 입주가 완료된 흑석 4~8구역은 제외하고 현재 재개발사업이 진행 중인 흑석 1, 2, 3, 9, 11구역에 대해 다음 장에서 상세히 알아보도록 하자.

대규모 정비사업으로 우뚝 선
흑석뉴타운 2

흑석 1구역

서울시 동작구 흑석동 43-7번지 일대 흑석 1구역은 2008년 정비구역 지정을 받아 2009년 추진위원회가 구성되었으며, 2구역과 함께 가장 입지가 좋은 곳으로 평가받고 있다. 한강 조망이 가능하고 골드라인 지하철 9호선 이용이 편리하며 현충로 대로변을 중심으로 서달로와 흑석한강로를 끼고 있어 동작대교 및 올림픽대로 접근도 좋다.

다세대 빌라가 거의 없고 단독주택 위주로 구성되어 있어 면적

| 흑석뉴타운 구역도 |

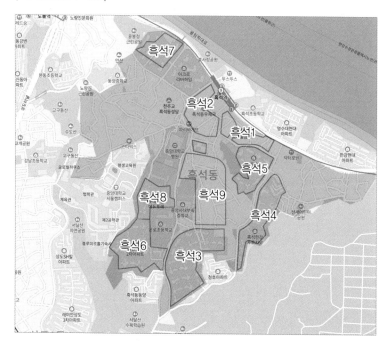

자료: 서울경제

대비 조합원 수가 적고 사업성이 좋을 것으로 기대된다. 하지만 추진위원회 설립 후 사업 진행에 별 움직임이 없어 제대로 진척이 되지 않고 있다.

2020년 초에 조합원 30% 이상 동의를 받아 일몰제 기한 연장을 신청하면서 급한 불은 껐지만 조합설립까지는 시간이 더 걸릴 것으로 보인다. "상권이 좋은데 왜 재개발 속도가 느려지는 거야?"라고 궁금해하는 사람들이 있을 텐데, 한남뉴타운 1구역 사례에서 보듯이 상권이 발달하거나 월세가 잘 나오는 재개발 구역은 사업

구분	내용
구역명	흑석 1구역
위치	서울시 동작구 흑석동 43-7번지 일대
진행 단계	조합설립인가 준비
면적	26,675m²
조합원 수	381명

진행 속도가 더딘 경향이 있다.

이렇게 사업성이 나쁘지 않아도 사업 진행 속도가 느린 이유는 역 주변 상권이 잘 형성되어 있고 4~6구역 입주가 완료되면서 상권이 더 좋아졌기 때문이다. 상권 호황이 오히려 재개발사업 속도를 내는 데 걸림돌이 되고 있다.

기반시설이 부족하고 열악해 불편함을 자주 느껴야 조합원들이 일치단결되어서 재개발사업에 속도를 낼 수 있는데 현재가 만족스럽고 이득이 더 크다면 재개발사업에 반대하거나 소극적인 조합원들이 늘어나면서 개발이 제대로 진행되지 않는 경향이 있다. 흑석 1구역 역시 월세를 받고 있는 조합원들의 반대와 빗물펌프장 이전 및 공원부지 기부채납 등의 갈등으로 75% 이상의 동의를 확보하지 못해 조합설립인가를 받지 못하고 있다.

이렇듯 사업 진행 속도는 느려 시간은 오래 걸릴 수 있지만 입지가 좋고 한강 조망에 교통 여건과 상권이 잘 발달되어 재개발 사업이 완료만 되면 기대 이상의 가치를 보일 수 있는 곳이 흑석 1구역이다.

흑석 2구역

서울시 동작구 흑석동 99-3번지 일대 흑석 2구역은 최고의 입지를 자랑한다. 9호선 흑석역 초역세권의 우수한 교통환경과 서울의 프리미엄인 한강 조망이 가능하며 중앙대학교 병원과 연결된 상권도 잘 형성되어 있다. 준주거지역으로 용적률 400%를 받아 주상복합, 오피스텔 508세대와 상가로 개발될 예정으로, 아파트뿐만 아니라 상가에도 관심을 가져볼 만하다. 전 농구 국가대표로 유명 방송인이 된 서장훈 씨가 소유한 빌딩이 바로 2구역 내에 있다.

다만 1구역처럼 입지가 좋고 상권이 발달해 있어 조합원들이 재개발사업의 필요성을 잘 느끼지 못하고 있는 것이 정비사업 속도를 느리게 한 원인이다. 2008년 정비구역 지정 후 2009년에 추진위 구성이 되었지만 역시나 사업 동의가 제대로 되지 않아 지지부진한 상황이었고, 2017년 서울시 직권해제 움직임이 있었지만 다행히 위기를 잘 넘겼다.

2018년 4월 촉진계획 변경을 통해 최고 40층 용적률 500%의

| 흑석 2구역 개요 |

구분	내용
구역명	흑석 2구역
위치	서울시 동작구 흑석동 99-3번지 일대
진행 단계	조합설립인가 준비 중, 공공재개발 선정
면적	45,229m²
건폐율/용적률	54%/400%
조합원 수	300명
건립세대 수	총 609세대(임대 101세대)

초고층빌딩으로 개발할 계획을 세우고 한국토지신탁과 MOU를 체결해 신탁방식(사업대행자방식)의 도시환경정비사업을 추진하다가 2021년에는 공공재개발 시범지구로 선정되면서 지금까지와는 다른 빠른 진행 속도를 보일 것 같다.

80쪽(서울 도심의 새 아파트 공급계획 공공재개발)에서 설명했듯이 공공재개발 사업은 LH, SH 등 공공이 주도적으로 사업을 이끌어가면서 용적률 상향 등 규제 완화뿐만 아니라 분양가상한제 제외로 사업성도 개선하면서 인허가 절차를 간소화해 사업 속도를 빠르게 진행하는 사업이다. 공공재개발 후보로 참가한 60곳 중에서 당당하게 8개의 시범지구에 이름을 올린 것이다. 우수한 입지에 사업 속도까지 빨라져 흑석의 랜드마크가 될 것으로 기대된다.

흑석 3구역

서울시 동작구 흑석동 253-89번지 일대 흑석 3구역은 흑석뉴타운 중 가장 규모가 크고, 입주가 완료된 4~8구역을 빼면 진행 속도가 가장 빠르다. 2008년 정비구역 지정 후 2010년 조합설립인가, 2017년 관리처분을 받아 GS건설에서 최고 20층 26개동 1,772세대 대단지 아파트로 개발하고 있으며 2023년 초 입주 예정이다. 2012년 GS건설로 시공사가 선정되었지만 조합분쟁으로 7년 정도 지연되기도 했다.

　흑석 3구역은 주로 다세대 빌라가 많아 수익성은 낮은 편이다. 은로초등학교와 중대부속중학교가 인근에 있어 교육환경은 좋은 편이며, 남쪽에는 서달산이 있어 산 조망과 숲세권의 쾌적함을

| 흑석 3구역 개요 |

구분	내용
구역명	흑석 3구역
위치	서울시 동작구 흑석동 253-89번지 외 808필지 일대
진행 단계	착공 중, 2023년 초 입주 예정
면적	103,497.4m²
건폐율/용적률	24%/245%
조합원 수	1,002명
건립세대 수	총 1,772세대(임대 338세대)

누릴 수 있다. 3구역 위쪽은 가파른 언덕길이지만 기부채납을 받아 도로가 정비될 예정이며, 3구역과 4구역 사이 근린공원 개발과 6구역 앞쪽 공원이 조성되면 주거환경은 크게 개선될 것이다. 전용 59m² 조합원분양가가 4억 9천만 원 정도였고, 일반분양가는 6억 9천만 원 정도였다.

흑석 9구역

서울시 동작구 흑석동 90번지 일대 흑석 9구역은 중앙대학교와 대학병원 임대 수요 때문에 재개발을 반대하는 조합원들로 인해 2008년 구역 지정 이후 2013년 조합설립인가까지 시간이 오래 걸렸지만 다행히 2017년 사업시행계획인가, 2019년 10월 관리처분계획인가를 받았고 이주와 철거를 앞두고 있다.

하지만 호사다마라고 했던가. 시공사로 선정된 롯데건설은 시그니처캐슬이라는 브랜드를 적용해 고급 주거단지로 개발할 계획이었지만 조합과의 갈등으로 시공계약이 해지되었고, 조합 내부에서도 조합장 해임 등 내분이 생겨 사업이 늦어지고 있다. 국공유지 매입, 새로운 시공사 선정 등 산적된 일이 많아 조합장 선출 및 임원 구성이 빠르게 이루어져야 할 상황이다. 2021년 이주 목표를 하고 있다고 하나 조금 더 늦어질 가능성은 있고 그렇다고 치명적 위험이 있는 것은 아니어서 조만간 최고 25층 21개동 1,536세대

구분	내용
구역명	흑석 11구역
위치	서울시 동작구 흑석동 304번지 일대
진행 단계	사업시행계획인가 접수
면적	86,529m²
건폐율/용적률	35%/227%
조합원 수	695명
건립세대 수	총 1,230세대(임대 198세대)

대단지 아파트로 탄생할 것이다.

다세대 빌라 매물보다는 단독주택이나 다가구주택이 많아 사업성은 좋고, 중앙대학교 병원 앞쪽에 상가를 배치할 예정이어서 상가도 인기가 높을 것 같다. 9구역은 흑석뉴타운 중앙에 위치해 있는데 동쪽에는 흑석한강센트레빌1차(5구역), 서쪽에는 롯데캐슬에듀포레(8구역), 남쪽에는 3구역, 북쪽에는 2구역이 맞닿아 있다.

완만한 경사도는 있지만 대체적으로 평지에 가깝고, 골드라인 9호선 흑석역 접근성이 좋으며, 단지 주변 초등학교와 중학교도 있어 교육환경도 나쁘지 않다. 단점이라 할 수 있는 고등학교 문제는 9구역 내 학교부지가 있어 고등학교 유치 및 신설계획이 현실화된다면 어느 정도 해결될 것으로 보인다. 5구역과 9구역 사이에 공원이 조성되고 3구역 쪽으로는 녹지가 형성될 예정이다.

흑석 11구역

흑석뉴타운에서 가장 동쪽에 위치해 다소 외진 곳처럼 보이지만 시간이 지날수록 강남과 가까운 입지가 오히려 장점으로 승화가 가능한 흑석 11구역이다. 한강현대아파트 남쪽 서울시 동작구 흑석동 304번지 일대에 위치해 있으며, 한강변 한강 조망과 서달산 조망이 가능하며, 지하철 4호선과 9호선을 이용할 수 있다.

2008년 재정비촉진계획 수립 시 노후도 등 구역 지정 요건이 되지 않아 구역 지정이 되지 않고 존치관리구역으로 지정되었다가, 2012년 7월이 되어서야 흑석 11구역으로 구역 지정을 받았다. 1구역과 2구역보다는 사업이 더 원활하게 진행되어 2015년 조합설립인가를 받았다. 종교시설 이전 문제를 두고 협의가 잘 되지 않아 사업 추진에 변수가 될 수도 있다.

11구역은 재개발 구역 중 서울시 최초로 신탁방식으로 추진하며 한국토지신탁을 사업대행자로 선정했다. 신탁방식은 사업비 조달과 조합장 비리 등을 차단하고 사업 속도를 빠르게 할 수 있다는 장점이 있다. 만약 흑석 11구역이 성공적으로 마무리되면 신탁방식은 재개발사업의 새로운 방법으로 자리잡을 수도 있을 것이다.

개발은 최고 20층 21개동 1,457세대 대단지 아파트와 근린상가로 진행될 예정이다. 구역 내 2동짜리 명수대한양아파트가 포함될지가 큰 관심거리였는데, 결국 포함되어 명수대한양 부지에는 공원을 조성할 계획이라고 한다. 조합원 대비 건립세대 수도 많아서

| 흑석 11구역 개요 |

구분	내용
구역명	흑석 11구역
위치	서울시 동작구 흑석동 304번지 일대
진행 단계	사업시행계획인가 접수
면적	86,529m^2
건폐율/용적률	35%/227%
조합원 수	695명
건립세대 수	총 1,230세대(임대 198세대)

사업 수익성이 좋지만, 단지 주변 초·중·고등학교가 없는 점은 아쉽다.

2020년 9월 사업시행계획인가를 접수해 2020년 9월 24일부터 시행되는 최고 30%의 임대주택 의무비율 적용은 피할 수 있게 되었다. 흑석 11구역은 2012년도에 기본계획 및 정비구역 지정이 되었지만 종전 조례(2003년 12월 30일) 규정대로 분양대상자 기준일을 조례시행일인 2003년 12월 30일로 하고 있어 협동주택을 매수하는 경우에는 분양자격을 꼼꼼하게 확인할 필요가 있다. 분양자격과 관련해서 상세한 내용은 26쪽(계약 전 재개발 입주권 분양자격을 확인하라)에 설명되어 있으니 참고하기 바란다.

뛰어난 교통 여건의
이문·휘경 뉴타운1

이문·휘경 뉴타운 기본정보

동대문 이문·휘경 뉴타운은 청량리, 전농, 답십리 뉴타운과 함께 동
대문구의 대표적인 재개발사업이다. 1호선 외대역을 중심으로 회
기역과 신이문역 사이에 위치한 이문·휘경 뉴타운은 노후·불량 주
택이 밀집되어 있어, 도로·공원 등 기반시설이 열악한 동대문구 이
문동과 휘경동 일대 1,013,398m²(대략 30만 평) 부지에 11,343세대
규모로 개발되고 있다.

외대 등 대학생 임대수익으로 생활을 하는 임대인들과 학생들이

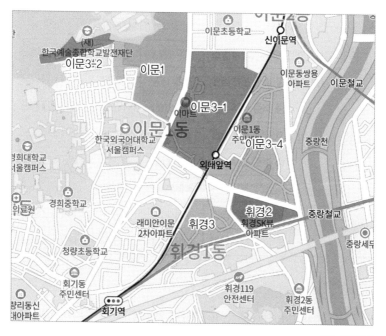

자료: 매일경제

이용하는 상가 조합원들의 반대도 있었지만, 노후된 주택과 상가 건물의 슬럼화가 지속되면서 재개발에 속도를 내고 있다. 중랑천 수변공원과 천장산, 배봉산 근린공원이 인접해 있고 인근 청량리역 롯데백화점, 롯데마트, 상봉역 코스트코 등 생활 인프라도 부족하지 않다. 한국외국어대학교와 경희대학교, 서울시립대학교, 한국예술종합학교, 삼육보건대학교 등이 근접해 있어 교육 및 임대 수요도 충분히 뒷받침해주고 있다.

무엇보다 이문·휘경 뉴타운의 장점은 사통팔달 우수한 교통환경이다. 지하철 1호선, 분당선, 경의중앙선, 경춘선, KTX강릉선 등 이미 교통의 요지인 청량리역에 향후 광역급행철도 GTX-C 노선 (수원-덕정)이 연결되면 그동안 단점으로 지적되었던 강남 접근성도 크게 개선된다. 강남 삼성역까지 5분이면 도착할 수 있다. 추가로 송도에서 마석까지 연결되는 GTX-B 노선도 타당성 심의가 진행 중이며 2028년까지 목동-청량리를 잇는 강북횡단 경전철 계획도 있어서 청량리는 서울역, 용산과 함께 강북 교통의 중심으로 거듭 날 것이다.

상습 지체 구간인 동부간선도로 역시 13.9km 구간의 지하화 사업이 예정되어 있으며 청량리역 주변 65층 초고층 역세권 개발 도 계획되어 있어 미래가치는 밝다. 한 고객이 자신의 부모님 집이 청량리인데 계속 보유해도 좋겠냐고 질문한 적이 있었는데 걱정 하지 말라고 했던 기억이 난다. 미래가치가 높은데 무슨 걱정을 하 겠는가.

이문·휘경 뉴타운 구역별 정보

이문·휘경 뉴타운은 2005년 3차 뉴타운으로 지정되어 이문동 4개 구역과 휘경동 3개 구역 총 7개 구역의 사업이 추진되었다. 다른 재개발 지역도 그렇듯이 구역 간 이해관계와 주민들 간의 대립, 부 동산시장 침체로 사업이 지연되었고, 이문 2구역은 장기표류 끝에

| 이문·휘경 뉴타운 구역별 진행상황 |

구역	세대 수	진행상황
이문 1구역	2,904세대	철거(삼성물산)
이문 2구역		정비구역 해제(2014년 9월)
이문 3구역	4,285세대	착공 예정(현대산업개발, GS건설)
이문 4구역	3,572세대	사업시행계획인가 준비 중
휘경 1구역	298세대	입주 완료(2020년 2월, 한진중공업)
휘경 2구역	900세대	입주 완료(2019년 6월, SK건설)
휘경 3구역	1,792세대	이주 중(GS건설)

주민들의 반대를 극복하지 못하고 2014년 구역 지정이 취소되었다. 현재는 이문 1, 3, 4구역과 휘경 1, 2, 3구역 등 6개 구역이 총 1만 2천 세대 정도의 규모로 재개발사업을 진행 중이다.

2015년 이후 살아난 부동산시장에 힘입어 이문 4구역을 제외한 나머지 구역들은 빠른 속도로 8부 능선을 넘었다. 향후 이문·휘경 뉴타운사업이 완료되면 그동안 서울 도심 내 대표적인 낙후 지역이었던 동대문-청량리 일대를 한 단계 업그레이드할 것으로 기대된다.

이문 2구역은 추진위원회 승인이 취소되면서 조합원들의 50% 이상의 동의를 얻어 아쉽게도 2014년 정비구역이 해제되었다.

서울시 동대문구 휘경동 243번지 일대 휘경 1구역은 지하철 1호선, 경의중앙선, 경춘선 환승역인 회기역 역세권에 청량리역도

가까워 교통환경이 탁월하며 서울삼육병원의 의료시설과 배봉산, 중랑천의 자연환경도 좋다.

2016년 관리처분계획인가를 마치고 최고 20층 299세대 휘경해모로프레스티지 아파트로 2020년 입주했다. 2012년 사업시행계획인가 후 시공사로 선정되었던 현대산업개발이 당시 부동산경기 악화로 본 계약 체결을 미루면서 2015년 한진중공업으로 시공사가 변경되었다.

세대 수가 작고 초등학교가 다소 멀어 학부모들은 불편함이 있고, 경의중앙선과 경춘선 선로가 지상으로 되어 있어 동에 따라 소음이 유발될 수 있는 점은 단점이다.

서울시 동대문구 휘경동 128-12번지 일대 휘경 2구역은 사업 진행 속도가 빨라 2019년 6월 최고 29층 900세대 휘경SK뷰 아파트로 입주했다. 지하철 1호선 외대역 역세권에 중랑천도 바로 인접해 있어 생활환경이 좋으며 동부간선도로 지하화에 따른 공원화와 중랑천 생태하천 복원사업의 수혜를 받을 것으로 기대된다.

초등학교 신설이 예정되어 있지만 구체적인 시점이 정해지지 않아 입주 후 상당 기간 초등학교 이용에 불편함이 있을 수 있고, 단지 남쪽의 경의중앙선과 경춘선 지상구간 소음과 미관 문제는 단점이라 할 수 있겠다.

재개발사업이 진행 중인 이문 1, 3, 4구역과 휘경 3구역은 다음 장에서 다시 상세히 설명하도록 하겠다.

뛰어난 교통 여건의
이문·휘경 뉴타운 2

이문 1구역

서울시 동대문구 이문동 257-42번지 일대 이문 1구역은 지하철 1호선 외대역 역세권이다. 한국외국어대학교와 맞닿아 있으며 서쪽으로 천장산이, 북쪽으로는 세계문화유산인 조선 20대 왕 경종의 능인 의릉(사적 제204호)이 있다.

문화재의 녹지 숲세권은 좋으나 층수 제한에 걸려 의릉 주변은 8층으로, 그 외 지역은 27층 고층으로 지어진다. 40개동 2,904세대 래미안 브랜드로 2021년 착공, 2024년 입주 예정이다. 이문

구분	내용
구역명	이문 1구역
위치	서울시 동대문구 이문동 257-42번지 일대
진행 단계	철거 진행 중 2021년 착공 예정
시공사	삼성물산
면적	144,964m²
건폐율/용적률	23%/235%
조합원 수	1,759명
건립세대 수	총 2,904세대(임대 511세대)

1구역은 당초 2,429세대를 건립할 예정이었지만 사업시행계획인가 변경을 통해 475세대가 늘어난 2,904세대로 짓게 되었다.

사람과 돈이 걸리다 보니 재개발사업은 분쟁과 소송이 끊이지 않고 있다. 조합장이 구속되기도 했고 2010년 사업시행계획인가 당시 감정평가금액 때문에 조합원들과 조합 간 갈등, 지분 쪼개기에 의한 사업성 악화 등으로 사업 기간이 길어지는 문제가 있었다. 2018년 10월 이주가 시작되었음에도 더디게 진척되다가 현재는 잘 협의되어 철거 마무리 단계다.

새로운 집행부의 기존 정비사업 계약해지 소송 패소로 위약금 문제가 발생했지만, 다른 재개발 구역에서 흔히 문제가 되는 종교시설이나 상가 등과는 큰 마찰이 없어 빠른 착공을 기대해본다.

이문 3구역

서울시 동대문구 이문동 149-8번지 일대 이문 3구역은 이문·휘경 뉴타운 중 가장 규모가 크고 1호선 외대역과 신이문역 역세권 평지 지역이다. 시공사는 현대산업개발과 GS건설이 맡아 최고 41층 26개동 4,321세대 미니 신도시로 개발될 예정이다. 2018년 5월 관리처분을 받고 2018년 8월 이주가 시작되어 철거가 완료되었고 2021년 5~6월 착공을 목표로 진행하고 있다.

단독주택 비율이 높아 건립세대 수 대비 조합원 수가 적으며 사업성이 좋아 이문·휘경 뉴타운에서 최고의 구역으로 평가받고 있다. 역세권 고층 개발을 하는 3-1구역과 천장산 인근 구릉지 저층 개발을 하는 3-2구역을 동시에 진행하는 결합개발방식을 통해 3-1구역은 높은 용적률을 받을 수 있었다. 3-2구역은 역세권도 아니고 저층으로 개발되지만 천장산 자연환경과 어우러진 4층 타운하우스로 개발되기 때문에 도심 속 쾌적성을 느끼고 싶은 수요자들에게 인기를 끌 수 있을 것 같다.

조합원들 간 갈등이 적어 이주가 빠르게 진행되었으나 구역 내 교회 대토 문제와 건축비용 협의가 잘 이루어지지 않다가 결국 이문동 교회는 존치로 결정되었다.

4천 세대 미니 신도시급 새 아파트 단지로 개발되면 생활 인프라는 크게 개선될 것이다. 주변에 이문초등학교가 있기는 하지만 단지 규모에 비해 단지 내 초등학교가 없는 점은 좀 아쉽다.

구분	내용
구역명	이문 3구역
위치	서울시 동대문구 이문동 149-8번지 일대
진행 단계	2021년 착공 예정
시공사	현대산업개발, GS건설
면적	137,372m^2
건폐율/용적률	33%/475%(통합)
조합원 수	1,571명
건립세대 수	총 4,321세대(임대 1,308세대)

이문 4구역

서울시 동대문구 이문동 86-1번지 일대 이문 4구역은 인기가 높은 3구역과 마주보고 있으며 1호선 외대역과 신이문역 역세권의 가장 좋은 입지를 자랑한다. 중랑천과 천장산의 자연환경은 덤이며 철도변 완충녹지를 폐지해 공원으로 조성한다는 계획도 있다. 사업성도 좋고 타구역에서 찾아보기 어려운 완전 평지이며, 구역 내 초등학교 및 병설유치원 건립이 예정되어 있는 점은 이문 4구역의 장점이다. 하지만 사업 속도가 느린 점은 단점이라 할 수 있겠다.

2017년 3월 조합설립인가가 되었지만 역시나 내부의 문제로 속도가 더디다. 받아들여지지는 않았지만 구역 지정 해제를 원하

| 이문 4구역 개요 |

구분	내용
구역명	이문 4구역
위치	서울시 동대문구 이문동 86-1번지 일대
진행 단계	조합설립인가 후 사업시행계획인가 준비
면적	151,388m²
건폐율/용적률	35%/317%
조합원 수	1,460명
건립세대 수	총 3,720세대(임대 937세대)

는 비상대책위원회가 해제요청서를 동대문구청에 제출하기도 했고, 종교시설 협의 문제로 시간을 끌다 제척(부지 정형화)으로 결정되는 등 크고 작은 문제가 발목을 잡고 있어 입주까지는 시간이 더 필요할 것 같다.

이문 4구역은 당초 최고 30층 2,442세대로 건립이 예정되어 있었지만 2018년 촉진계획 변경에 따라 종상향되면서 용적률 317%를 적용받아 3,720세대로 늘어났다. 그 덕에 사업성이 크게 개선된 점은 긍정적이라 할 수 있겠다.

휘경 3구역

서울시 동대문구 휘경동 172번지 일대 휘경 3구역은 이문을 제외한 휘경에서 가장 규모가 크다. 최고 35층 1,792세대 GS자이 아파트로 건축될 예정으로 지하철 1호선, 경의중앙선, 경춘선의 회기역 역세권에 외대역도 이용 가능해 교통 여건이 좋다. 이경시장, 중랑천, 배봉산근린공원 등 생활 편의시설도 좋다.

사업 진행 속도도 괜찮아 2017년 사업시행계획인가를 마치고 2019년 10월 관리처분계획인가를 받아 현재 이주 중이다. 큰 변수가 없다면 2024년 정도에는 입주가 가능할 것 같다. 중소형 평형 위주로 계획되어 있고 조합원 대비 일반분양이 많아 사업성도 좋다.

휘경 1, 2구역도 그렇듯이 3구역 역시 경의중앙선과 경춘선 지상구간 소음에서 자유로울 수는 없다. 특히 지상구간 선로가 단지 양쪽에 있어 삼각형 모양의 토지는 단점으로 보인다.

| 휘경 3구역 개요 |

구분	내용
구역명	휘경 3구역
위치	서울시 동대문구 휘경동 172번지 일대
진행 단계	이주 중
시공사	GS건설
면적	65,338m^2
건폐율/용적률	18%/300%
조합원 수	603명
건립세대 수	총 1,806세대(임대 433세대)

서울 서북권의 중심
수색·증산 뉴타운 1

수색·증산 뉴타운 기본정보

서울 서북권의 대표 뉴타운인 수색·증산 뉴타운은 북쪽에는 북한산, 남쪽에는 한강이 위치해 있는 V자 형태의 배산임수 지형이다. 지하철 6호선, 공항철도, 경의중앙선의 DMC(디지털미디어시티)역 트리플 역세권으로 교통 여건도 좋아 마곡, 마포, 여의도, 일산, 파주 이동이 용이하다. 또한 상암 미디어 업무지구의 풍부한 수요를 확보하고 있다는 점이 큰 장점이다. 단점으로 지적받고 있는 생활 인프라 부족은 재개발사업이 완료되고 새 아파트 단지들이 속속 입주하면 시간이 곧 해결해줄 것이다.

서울시는 서북부 업무의 중심지이자 마포구와 은평구의 경계에 있는 수색역에서 DMC역 부지 총 32만m² 중 22만m²에다가 총 사업비 1조 7천억 원 규모로 업무·문화·상업시설 등의 복합개발을 계획하고 있다. 이 개발이 완료되면 상암과 수색은 서북부의 업무·상업·교통의 중심지가 된다.

상암의 업무지구 확장뿐만 아니라 상암과 수색 간 입체보행로 조성 및 차로 연결, DMC역 환승거리 단축 등으로 교통환경 전반을 개선할 예정이다. 철길로 길이 단절되어 있어 업무지구인 상암까지 접근성이 떨어진다는 수색의 단점이 이로 인해 크게 개선될 것으로 기대된다.

수색차량기지 이전을 고양시가 반대하고 있어 난항이 예상되기는 하지만, 서울시와 코레일은 DMC역 주변 2만m²를 중심상업지구로 개발하는 1단계 개발을 2022년에 착공할 예정이다. 철도시설 부지 20만m²를 총 사업비 1조 7천억 원 규모로 복합개발하는 2단계 사업은 2025년 착공을 목표로 추진하고 있다.

이와 함께 망원시장 상인들과의 협상이 난항을 겪고 있지만 롯데복합쇼핑몰 개발과 삼표그룹 사옥 개발, 한샘사옥 등의 개발 호재가 있다. 또 그동안 마이너스 요인으로 지적받아왔던 수색변전소 및 송전탑을 지하화(선로 지중화)하고 그 지상 공간에 문화센터, 아파트 등 주거시설과 한전사옥 등을 개발하는 사업도 2026년 지중화를 목표로 추진되고 있어 미래가치는 높다고 할 수 있겠다.

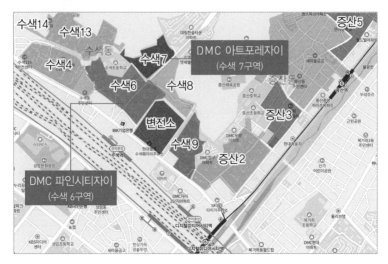

수색·증산 뉴타운 구역별 정보

낡고 오래된 단독주택 및 다가구주택과 영세 상인들이 운영하는 작은 상가점포들로 구성된 수색동과 증산동 일대는 너무 낙후되어 개발이 절실했던 곳이다. 2008년 구역 지정이 되었지만 글로벌 금융위기와 부동산시장 침체로 지지부진한 답보 상태가 이어지면서 난항을 겪다가, 2015년 수색 4구역을 필두로 본격적인 재개발 사업이 진행되고 있다.

897,090m² 면적에 21개 구역의 3차 뉴타운으로 출발한 수색·증산 뉴타운은 부동산시장 침체와 조합원들 간의 갈등으로 사업이

구역	세대 수	진행상황
수색 4구역	1,192세대	DMC롯데캐슬 더 퍼스트(2020년 6월 입주 완료)
수색 6구역	1,223세대	DMC파인시티자이(2023년 7월 입주 예정)
수색 7구역	672세대	DMC아트포레자이(2023년 2월 입주 예정)
수색 8구역	578세대	사업시행계획인가
수색 9구역	753세대	DMC SK VIEW(2021년 10월 입주 예정)
수색 13구역	1,464세대	DMC SK VIEW 아이파크 포레
증산 2구역	1486세대	DMC센트럴자이 2022년 3월 입주 예정
증산 5구역	1,704세대	사업시행계획인가 후 관리처분 준비 중

지연되었다. 해제된 구역(수색 14구역 증산 1, 3구역)과 시장정비사업으로 변경된 구역(수색 2구역), 존치구역(수색 1, 10구역), 지금까지 지지부진한 구역(수색 2, 3, 5, 11, 12구역), 그리고 일몰제 적용으로 해제된 구역(증산 4구역)을 제외한 나머지 8개 구역은 빠른 속도를 내고 있다. 해제되었던 수색 14구역, 증산 4구역 등도 다시 재추진을 위해서 노력하고 있다.

서울시 은평구 수색동 361-10번지 일대 수색 4구역은 2015년 관리처분계획인가를 받고 2017년 일반분양을 성공리에 마친 후 1,192세대 롯데캐슬더퍼스트로 2020년 6월 입주했다. 2017년 일반분양 당시 상당히 높은 청약경쟁률을 기록할 정도로 인기가 높았다.

경의중앙선 수색역 역세권 지역으로 교통 여건이 좋고, 전용면적 39~114m² 중소형 위주 평면으로 구성도 좋아서 인기가 높다. 또 길 건너편이 상암동 업무지역이며 수색역 일대가 개발되면 부족한 인프라도 개선될 전망이다.

현재 관리처분계획인가 후 공사 중인 수색 6, 7, 9, 13구역, 증산 2구역과 재개발사업 진행 중인 수색 8구역, 증산 5구역은 다음 장에서 상세하게 설명하도록 하겠다.

서울 서북권의 중심
수색·증산 뉴타운 2

수색 6구역

서울시 은평구 수색동 115-5번지 일대인 수색 6구역은 2017년 관리처분계획인가를 받고 GS건설에서 시공을 맡았다. 1,223세대 DMC파인시티자이 아파트로 2023년 입주 예정이다. 경의중앙선 수색역 접근성이 좋고, 불광천과 봉산공원 등 자연환경도 좋다. 단지 앞 이마트 등 편의시설이 있고, 변전소가 지하화되면 주거환경은 더 개선될 전망이다. 수색초등학교가 단지 뒤쪽에 인접해 있어 초등학생 자녀를 둔 학부모들은 더 관심을 가져도 좋다.

구분	내용
구역명	수색 6구역
위치	서울시 은평구 수색동 115-5번지 일대
진행 단계	착공 중(2023년 7월 입주 예정)
시공사	GS건설
면적	66,062m²
건폐율/용적률	22.59%/267.79%
건립세대 수	총 1,223세대(임대 208세대)

수색 7구역

서울시 은평구 수색동 189번지 일대 수색 7구역은 2018년 관리 처분계획인가를 받았다. GS건설에서 시공을 맡아 착공 중으로 2023년 2월 입주 예정이다. 조합원 대비 일반분양 비율이 130% 로 사업성이 좋았고, 상가 및 종교시설 협의에 특별한 문제가 없어 사업 진행에 별 문제가 없다.

경의선 수색역 역세권으로 DMC역도 이용 가능하며 지하 연결 통로로 상암DMC 업무지역으로의 이동이 용이해서 상암 배후 주 거지 역할을 충분히 할 수 있는 아파트다. 구릉지 언덕은 단점이지 만 수색초등학교가 인접해 있고 상암 월드컵공원 및 봉산도시자연

구분	내용
구역명	수색 7구역
위치	서울시 은평구 수색동 189번지 일대
진행 단계	착공 중(2023년 2월 입주 예정)
시공사	GS건설
면적	31,796.6m²
건폐율/용적률	22.31%/249%
조합원 수	207명
건립세대 수	총 672세대(임대 116세대)

공원을 이용할 수 있다. 무엇보다 변전소와 송전탑이 지중화되면 수색 6, 8, 9구역과 함께 주거환경도 개선될 수 있다.

수색 8구역

서울시 은평구 수색동 16-2번지 일대 수색 8구역은 2018년 7월 사업시행계획인가를 받고 578세대 아파트로 SK건설에서 시공할 예정이다. 구릉지가 아닌 평지이고 봉산 아래에 위치해 있어 쾌적성도 좋다. 사업시행인가를 받기는 했지만 6, 7구역에 비해 사업 진행 속도가 늦고 사업성도 높지 않은 점은 다소 아쉽다. 8구역 위

구분	내용
구역명	수색 8구역
위치	서울시 은평구 수색동16-2번지 일대
진행 단계	사업시행계획인가
시공사	SK건설
면적	29,884m²
건폐율/용적률	24%/263.89%
조합원 수	328명
건립세대 수	총 578세대(임대 99세대)

를 지나는 송전탑 지하화 사업이 수색 8구역의 미래가치에 중요한 변수가 될 것이다.

수색 9구역

서울시 은평구 수색동 30번지 일대 수색 9구역은 중산 2구역과 함께 입지가 좋아서 관심이 높은 구역이다. 2017년 관리처분계획인가를 받고 SK건설에서 시공을 맡아 2021년 10월 753세대 DMC SK뷰 아파트로 입주 예정이다.

　수색 9구역은 6호선, 공항철도, 경의중앙선의 트리플 역세권인

구분	내용
구역명	수색 9구역
위치	서울시 은평구 수색동 30번지 일대
진행 단계	착공 중(2021년 10월 입주 예정)
시공사	SK건설
면적	36,458.6m²
건폐율/용적률	18%/274%
조합원 수	442명
건립세대 수	총 753세대(임대 135세대)

DMC역에 수색역 접근성도 좋다. 버스 노선도 좋아서 교통환경이 좋고 뒤편 봉산을 끼고 자연환경도 좋으며 증산초등학교와 증산중학교도 가깝다.

　단점으로 생각되었던 변전소와 송전탑이 2026년까지 지하화하는 것으로 계획되어 있어 오히려 전화위복이 될 수 있을 것 같다.

수색 13구역

서울시 은평구 수색동 341-6번지 일대 수색 13구역은 2018년 관리처분계획인가를 받고 이주 중으로 2023년 입주를 목표로 진행

구분	내용
구역명	수색 13구역
위치	서울시 은평구 수색동 341-6번지 일대
진행 단계	착공 중(2023년 7월 입주 예정)
시공사	SK건설, 현대산업개발
면적	69,727m²
건폐율/용적률	23.66%/238.59%
조합원 수	852명
건립세대 수	총 1,464세대(임대 183세대)

하고 있다. 시공사는 SK건설과 현대산업개발 컨소시엄이다.

분양가상한제 규제를 피하기 위해 일반분양가를 저렴하게 책정하면서 2020년 8월 일반분양 당시 수색 13구역의 일반분양 평균 가격은 1,970만 원이었다. 이는 인근 지역인 고양 덕은지구보다 저렴하게 나온 것으로 일반분양 경쟁률에서 무려 340.3대1이라는 엄청난 경쟁률을 기록하기도 했다.

수색 13구역은 해제된 증산 4구역을 제외하고는 가장 규모가 크며, 수색초등학교가 인접해 있고 도봉산공원이 있어 쾌적성도 좋다. 수색역세권 개발이 미래가치가 될 수 있지만 약간의 언덕지형과 수색역까지 거리가 다소 먼 점은 아쉽다.

증산 2구역

서울시 은평구 증산동 213-20번지 일대 증산 2구역은 2017년 관리처분계획인가를 받고 GS건설에서 1,386세대 아파트로 착공 중에 있다. 증산 2구역도 수색 13구역과 같이 분양가상한제를 피하기 위해 2020년 8월 일반분양 당시 일반분양가가 전용 59m² 기준 시세가 5억 5천만 원 정도로 낮게 책정되었는데 지금 시세와 비교하면 당첨된 사람들은 로또 당첨이라 해도 과언이 아니다.

DMC역 트리플 역세권으로 입지가 좋고, 단지 인근에 증산초등학교, 증산중학교와 구립증산도서관이 있어 교육환경도 좋다. 수색성당과 덕원, 신청1차 아파트가 존치로 결정되면서 대로변과 직

| 증산 2구역 개요 |

구분	내용
구역명	증산 2구역
위치	서울시 은평구 증산동 213-20번지 일대
진행 단계	착공 중(2022년 3월 입주 예정)
시공사	GS건설
면적	78,755.2m²
건폐율/용적률	21%/251%
조합원 수	827명
건립세대 수	총 1,386세대(임대 237세대)

접 접하지 않아 정숙성도 확보되고 주변 생활 인프라도 좋아서 향후 수색·증산 뉴타운의 랜드마크가 되기에 손색이 없다.

증산 5구역

서울시 은평구 증산동 195번지 일대 증산 5구역은 2013년 사업시행계획인가를 받고 감정평가 및 분양신청이 끝났고 관리처분을 준비하고 있다. 시공사는 롯데건설이 맡았고 계획대로 진행된다면 1,704세대 대단지 아파트로 건립될 예정이다.

지하철 6호선 증산역과 새절역 중간에 위치해 각 동 위치에 따라 편하게 역을 이용할 수 있는 교통환경과 봉산 둘레길 등의 자연환경은 장점이다. 새절역은 최근 서부선 경전철 호재로 주목을 받고 있고 3기 신도시를 잇는 고양선도 예정되어 있어 시간은 걸리겠지만 향후 트리플역세권이 될 예정이다.

5구역의 가장 중요한 문제는 연서중학교 이전 및 존치 문제다. 조합에서는 평지에 공동주택을 짓고 뒤편 증산동 131-98번지 일대에 연서중학교를 배치하는 안을 가지고 사업을 진행해왔지만 서부교육지원청에서 존치 의견을 냈다. 조합과 교육청이 다시 협의하고 있지만 난항이 예상된다.

또 조합의 내부 갈등으로 2019년 10월 26일 임시총회 때 조합장 해임이 결정되어서 지금은 임시조합장 체제로 진행 중이며

| 증산 5구역 개요 |

구분	내용
구역명	증산 5구역
위치	서울시 은평구 증산동 195번지 일대
진행 단계	사업시행계획인가
시공사	롯데건설
면적	112,573m²
건폐율/용적률	25%/264%
조합원 수	961명
건립세대 수	총 1,704세대(임대 292세대)

2021년 4월 20일 임시총회를 통해서 선거관리위원회 선임과 선거관리계획에 대해 결정하게 된다. 이러한 과정을 통해 선출된 새로운 조합장은 연서중학교 이전 문제와 타구역 대비 많은 상가 세입자 보상 문제 등 산적한 일을 해결해야 하는 막중한 책임을 떠안게 되었다. 이러한 현안 이슈들의 해결에 따라 시간이 더 오래 걸릴 수도 있다.

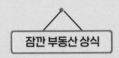

양도세 일시적 2주택 비과세 제대로 알기

최근 이런 질문을 받았다. 2017년 9월 강남에 아파트를 한 채 구입했고 2020년 1월 경기도 수원에 아파트 한 채를 새로이 구입해 일시적 2주택이 되었는데 강남 아파트를 언제까지 팔아야 일시적 2주택으로 양도세 비과세 혜택을 받을 수 있는지, 거주는 해야 하는지 궁금하다는 것이다.

1세대 1주택 양도세 비과세

일시적 2주택 요건을 알아보기 앞서 1세대 1주택 양도세 비과세 요건부터 알아보자. 비조정대상지역에서 1세대가 1주택을 양도하

| 1세대 1주택 양도세 비과세 요건 |

지역	취득시기	보유 기간	거주기간
비조정대상지역	-	2년 이상	-
조정대상지역	2017년 8월 2일까지	2년 이상	-
	2017년 8월 3일 이후	2년 이상	2년 이상

는 경우 취득일로부터 양도일까지의 보유 기간이 2년 이상이 되면 양도세 비과세가 가능하다. 단, 2017년 8월 3일 이후 취득한 주택은 보유 기간 2년 이상에 거주 기간 2년 이상이 추가로 적용된다.

A씨의 강남 아파트는 2017년 9월에 취득해서 수원 아파트를 취득하지 않고 2년 이상 보유 및 2년 이상 거주를 했다면 양도세 비과세가 가능했다. 물론 9억 원 초과분에 대해서는 과세하지만 그래도 양도세 비과세를 받느냐 안 받느냐는 차이가 크다.

양도세 일시적 2주택 비과세 특례

국내에 1주택을 소유한 1세대가 그 주택을 양도하기 전에 신규 주택을 취득해 일시적 2주택이 된 경우 다음의 요건을 충족하면 양도세 비과세 특례를 적용받을 수 있다.

① 종전 주택을 취득한 날로부터 1년 이후에 신규 주택을 취득할 것

② 신규 주택을 취득한 날로부터 3년 이내에 종전 주택을 양도할 것
  (단, 조정대상지역의 경우 취득 기간에 따라 2년과 1년이 적용될 수 있음)
③ 종전 주택이 양도일 현재 1세대 1주택 양도세 비과세 요건을 갖
  출 것

 A씨의 경우 일시적 2주택 양도세 비과세 요건에 충족하는지 하나씩 따져보자. 종전 주택(강남 아파트)을 2017년 9월 취득했고 신규 주택(수원 아파트)을 2020년 1월에 취득했으니 종래 주택 취득하고 1년 이후에 신규 주택 취득하는 1번 요건은 충족한다. 2번 신규 주택 취득한 날로부터 3년 이내에 종전 주택을 양도하는 2번 요건은 일단 가능은 하다.

 2020년 1월 취득했으니 2023년 1월 이전까지 양도하면 되지만 조정대상지역과 취득 시점에 따라 일시적 2주택 허용 기간이 3년이 아닌 2년이나 1년이 적용될 수 있어 이 부분은 조금 더 따져보아야 하겠다.

 종전 주택이 1세대 1주택 양도세 비과세 요건을 갖추어야 하는 3번 요건은 강남 아파트 취득 시점인 2017년 9월에는 이미 조정대상지역이었고 취득 시점도 8월 3일 이후여서 2년 이상 보유하고 2년 이상 거주해야만 비과세가 가능하다. A씨가 2년 거주를 하지 않았다면 양도세 비과세를 받을 수 없게 된다.

 다행히 A씨는 2년 거주를 했다고 하니 이제 2번 요건만 충족하면 된다. 여기서 일시적 2주택 보유 기간에 대해 상세히 알아보자.

| 일시적 2주택 보유 기간에 따른 양도세 비과세 요건 |

신규 주택 취득시기	조정대상지역		허용 기간
	종전 주택	신규 주택	
2018년 9월 13일 이전	-	-	3년
2018년 9월 14일 이후	비조정대상지역	비조정대상지역	3년
	비조정대상지역	조정대상지역	
	조정대상지역	비조정대상지역	
	조정대상지역	조정대상지역	2년
2019년 12월 17일 이후	비조정대상지역	비조정대상지역	3년
	비조정대상지역	조정대상지역	
	조정대상지역	비조정대상지역	
	조정대상지역	조정대상지역	1년

2018년 9·13대책에 의해 2018년 9월 13일 이전 조정대상지역 내 일시적 2주택자는 3년의 허용 기간이 적용되지만 2018년 9월 14일 이후 조정대상지역 내 일시적 2주택자는 2년으로 허용 기간이 강화되었다. 설상가상 2019년 12·16대책이 발표되면서 2019년 12월 17일 이후 조정대상지역 내 일시적 2주택자는 신규 주택 취득일로부터 1년 이내 해당주택으로 전입하고, 1년 이내에 종전 주택을 양도하는 경우에만 비과세가 가능해졌다. 다만 신규 주택에 기존 임차인이 있는 경우 전입 의무기간은 임대차계약 종료 시(최대 2년)까지 연장이 된다.

여기서 조정대상지역 내 일시적 2주택자라는 의미는 신규 주택 취득 당시 신규 주택뿐만 아니라 종전 주택도 조정대상지역 내에 위치하고 있어야 한다는 것이다. 비조정대상지역에 1주택이 있는 사람이 2020년 3월 조정대상지역 내 주택을 취득하는 경우 일시적 2주택 허용 기간은 1년이 아닌 3년이 적용된다.

A씨의 경우로 돌아가보자. A씨의 종전 주택은 강남 아파트로 조정대상지역에 포함되어 있다. 신규 주택은 2020년 1월 취득 당시 수원은 비조정대상지역이었다가 2월 20일 조정대상지역으로 지정되었기 때문에 A씨의 신규 주택은 비조정대상지역으로 인정되어 A씨는 3년의 허용 기간을 인정받을 수 있다. 만약 수원이 2019년 12월 조정대상지역으로 지정되었다면 A씨는 1년 후인 2021년 1월 이전에 종전 주택인 강남 아파트를 팔고 수원 아파트로 전입해야 일시적 2주택 양도세 비과세를 받을 수 있다.

이렇듯 조정대상지역 내 주택의 경우 2019년 12월 17일 이후 취득했느냐가 매우 중요한 포인트가 되는데 2019년 12월 16일 이전에 주택뿐만 아니라 주택을 취득할 수 있는 권리(분양권·조합원 입주권)를 취득하거나 매매계약 체결을 하고 계약금 지급을 한 경우에는 종전 규정이 적용된다.

한 권으로 끝내는
서울 재개발 투자지도

초판 1쇄 발행 2021년 5월 4일

지은이 | 이은홍 김인만
펴낸곳 | 원앤원북스
펴낸이 | 오운영
경영총괄 | 박종명
편집 | 최윤정 김효주 이광민 강혜지 이한나 김상화
디자인 | 윤지예
마케팅 | 송만석 문준영 이태희
등록번호 | 제2018-000146호(2018년 1월 23일)
주소 | 04091 서울시 마포구 토정로 222 한국출판콘텐츠센터 319호(신수동)
전화 | (02)719-7735   팩스 | (02)719-7736
이메일 | onobooks2018@naver.com   블로그 | blog.naver.com/onobooks2018
값 | 18,000원
ISBN 979-11-7043-202-9 03320